SUSANN KREIHE
FOTOGRAFIE:
ARINA MESCHANOVA
& VJACHESLAV SHISHLOV

TOTAL BANANE

DIE BESTEN REZEPTE VON BANANA BREAD BIS BANANEN-CURRY

CHRISTIAN

INHALT

VORWORT

An alle Bananen-Fans und die, die es werden wollen!

Schenkt Dir das Leben eine Banane, mach Banana Bread daraus. Oder einen Smoothie, ein Curry oder ein Eis. Was Bananen noch alles können, dazu kommen wir gleich.

Ich persönlich bin schon seit Langem ein großer Fan der gelben Frucht. Einfach weil sie gut schmeckt. Mit Kindern, sofern diese sie als Obst mögen, hat man mit einer Banane in der Tasche rasch einen Helfer für das kleine Loch im Magen. Was den Kleinen hilft, hilft auch den Großen. Nicht umsonst sind Bananen im Sport ein gern gesehener Energiekick.

Hellgrün und sonnengelb sind sie zum Reinbeißen. Aber was ist, wenn sie braune Flecken auf der Schale oder Druckstellen bekommen? Dann fristen sie im Obstkorb ihr Dasein, bis sie in die Biotonne wandern. Ab heute wird keine Banane mehr weggeworfen, egal wie braun sie ist. Für jede von ihnen gibt es unheimlich viele Möglichkeiten, sie zu verwenden und die findet ihr auf den folgenden Seiten.

In »Total Banane« habe ich euch 60 Rezepte mit Bananen kreiert, von süß bis herzhaft, von hellgelb bis dunkelbraun. »Nice Cream« und ein »Bananen Tiramisu«, »Banana Bread«, »Boboti« oder «Bananen Butter Chicken«. Zudem finden überreife Bananen ihren Weg in einen cremigen Eierlilör und süße Frühstücks-Aufstriche.

Werft doch schnell mal einen Blick in den Obstkorb, vielleicht liegt da ja bereits eine überreife Banane und wartet schon ...

Eure

Susann Kreihe

EINLEITUNG

BANANE – DIE BELIEBTE NUMMER 2

Bananen sind ein wahrhaft vielseitiges Obst. In unseren Breiten stehen sie an zweiter Stelle der beliebtesten Obstsorten. Die Zahlen schwanken, der Pro-Kopf-Verzehr wird mit etwa 11–14 kg pro Jahr angesetzt. Hier in Deutschland kommt nur der Apfel noch häufiger auf den Teller, mit etwa 25 kg pro Kopf.

Unsere Bananen stammen zum Großteil aus Süd- und Mittelamerika und werden mit Containerschiffen nach Europa importiert. Damit sie die lange Reise gut überstehen, werden sie grün geerntet und reifen mit der Zeit nach.

Durch ihren hohen Anteil an Fruchtzucker liefern Bananen schnell verfügbare Energie. Mit etwa 90 kcal pro 100 g zählen sie zu den kalorienreicheren Obstsorten. Zusätzlich punkten sie mit ihren Inhaltsstoffen, wie Kalium, Magnesium und Vitamin B6.

Bananen, botanisch betrachtet gehören sie zu den Beeren, werden in Obst-, Gemüse- und Textilbananen eingeteilt.

Obst- oder Dessertbananen, wie sie bei uns im Obstregal liegen, sind süß und können roh oder gegart verwendet werden.

Gemüse- oder Kochbananen werden nicht roh verzehrt, da sie sehr mehlig sind. Gegart in der Pfanne, im Kochtopf oder in der Fritteuse entstehen schmackhafte Gerichte.

Textilbananen sind nicht zum Verzehr geeignet, ihre Fasern aus Frucht und Schale werden verarbeitet.

Bananenblätter, die Blätter der Stauden, sind ein wirklich tolles biologisches Backpapier und eignen sich bestens, um Lebensmittel darin einzuwickeln und zu garen. Bei uns seit Langem beliebt: Lachs im Bananenblatt vom Grill.

Die Blätter der Bananenstaude reißen schnell. Vor der Verwendung zum Einwickeln flämmt man sie kurz mit einem Bunsenbrenner, entweder über der offenen Flamme des Gasherdes oder über dem heißen Grill ab. Auf diese Weise werden sie biegsam und stabiler.

Auch die Blüten der Banane sind essbar und kommen vor allem im asiatischen Raum auf den Teller. Bei uns sind sie eingelegt als Konserve erhältlich. Ihre blättrige Form erinnert an eingelegte Artischocken, mit neutralem Geschmack.

EIN GEDANKE AN UNSERE UMWELT

Ein Gedanke zu #nofoodwaste ist an dieser Stelle wichtig! Werfen wir doch einmal einen Blick über unseren Tellerrand hinaus.

Denkt man an die langen Transportwege, die eine Banane hinter sich hat, das Wasser, das sie zum Wachsen verbraucht hat, das Kühlmittel, das nötig war, um sie im perfekten Zustand in den Supermarkt zu bringen, gehört sie ganz eindeutig nicht zu den umweltfreundlichsten Obstsorten. Ganz klar, regional ist für unsere Umwelt die bessere Wahl. Dennoch sind Bananen aus unserem Speiseplan schlecht wegzudenken.

Wie so oft, empfiehlt sich auch hier, BIO den Vorzug zu geben. Für die eigene Gesundheit und um sicherzugehen, dass keine Pestizide auf und in die Frucht gelangt sind. Zudem Fairtrade, um

die Natur in den Anbau-Ländern zu schützen. Denn dort wird oft großes Schindluder mit den Ressourcen getrieben. Nicht zuletzt dient das auch den Bauern, die bei Fairtrade Bananen besser entlohnt werden und zur Nachhaltigkeit im eigenen Land angehalten sind.

Wir haben es in der Hand, unsere Umwelt zu schützen. Dazu gehört auch, die Bananen, wenn sie schon so eine lange Reise auf sich genommen haben, auch RESTLOS zu verbrauchen.

DER VORREITER – BANANA BREAD

Eine der ersten Rezepturen mit braunen, überreifen Bananen war das Banana Bread. Seinen Ursprung hat es in den 30er Jahren in Amerika. Aus genau dem Gedanken heraus, den wir auch heute verfolgen: sparsam haushalten und möglichst wenige Lebensmittel wegwerfen. Und dafür sind Bananen wie geschaffen.

Wie oft liegt denn noch die letzte braune und mehlige, weil überreif gewordene Banane im Obstkorb und keiner will sie? Kann ich verstehen! Zum Reinbeißen muss sie für mich auch schön fest und nicht zu süß sein. Da geht es in unserer Familie allen so. Die amerikanischen Varianten aus der Entstehungszeit waren einfach gehalten. Bananen, Mehl, Backpulver und etwas Flüssigkeit. Natürlich ohne teure Schokolade oder Nüsse. Zum Sattwerden reichten die wenigen Zutaten.

Neben Banana Bread und einer Vielzahl an Kuchen, süßen Cremes und Nachspeisen, gehören Bananen auch unbedingt in herzhafte Gerichte. Darin sind sie ein spannendes Pendant zu Gewürzen, deftigem Speck, der Schärfe von Chili und Ingwer und Zitrusaromen.

WISSENSWERTES RUND UM DIE BANANE

Der Name Banane stammt vom arabischen Wort »banan« ab und bedeutet »Finger«. Die Früchte wachsen im Büschel, so nennt man den großen Fruchtstand. Die daran in Reihen wachsenden Früchte nennt man »Hände« und so liegen sie bei uns im Obstregal. Unterschiedlich viele »Finger« wachsen an jeder »Hand«.

Bananen werden grün geerntet und reifen nach. Je grüner die Schale, umso stärkereicher ist das Fruchtfleisch. Mit fortschreitendem Reifeprozess wird die Stärke in Zucker umgewandelt. So wird die Banane weicher und süßer. Überreif und sehr süß ist sie ideal zum Backen geeignet und der haushaltsübliche Zucker kann reduziert oder weggelassen werden. In der veganen Küche ersetzt sie zum Beispiel in Rührteigen das Ei.

Bananen wachsen an Stauden, die während ihrer Vegetationsperiode nur einmal Früchte tragen. Nach etwa 1,5 Jahren können sie einmalig abgeerntet werden. Pro Staude sind das bis zu 300 Stück. Danach stirbt die Staude ab. Neu gebildete Ableger wachsen dann wieder zu Stauden heran, bis sie erneut erntereif sind.

Hygienisch verpackt in ihrer hellgrünen, hellgelben oder sonnengelben Schale sind sie sehr praktisch zum Mitnehmen.

Eine sportliche Frucht! Bei vielen Sportler*innen beliebt, vom Fußball bis zum Marathon. Sie gibt schnelle Energie, ist von Natur aus perfekt verpackt und zudem reich an Kalium, Magnesium und Vitamin B6.

Mit etwa 90 kcal pro 100 g sind Bananen energiereicher, als viele andere Obstsorten. Sie liefern schnell und unkompliziert Energie.

IDEEN FÜR EINE IDEALE RESTEVERWERTUNG

Überreife Bananen wandern unkompliziert in den Milchshake, das Bircher Müsli, den Waffel- oder Pancake-Teig.

Es fehlen 1–2 Eier für einen Rührkuchen? Dann pro Ei eine überreife mittlere Banane zerdrücken und anstelle des Eis zum Teig geben.

Chutneys mit Bananen verfeinern: Süß-säuerlich-scharfe Rezepturen kann man mit Bananenresten verfeinern. Dadurch bekommen sie eine feine Fruchtsüße und sämige Konsistenz.

Auch eine BBQ Sauce oder ein selbst gemachter Ketchup lässt sich mit einer zerdrückten überreifen Banane abwandeln.

Vanillesauce mit Bananenaroma – die Milch mit einer überreifen Banane (ohne braune Druckstellen) pürieren und wie gewohnt zu Vanillesauce verarbeiten. Zuckermenge gerne reduzieren.

Eine zerdrückte Banane pur als Brotaufstrich verwenden. Mit etwas Nussmus beträufeln und Kakaonibs darüber streuen.

BANANEN ZUM BACKEN UND KOCHEN: WELCHE IST DIE RICHTIGE GRÖSSE?

Bananen sind nicht genormt und so wiegen die einzelnen Früchte etwa 100–250 g. Neben der normalen Dessertbanane gibt es auch Mini-Bananen. Sie sind ebenso für die Zubereitungen in diesem Buch geeignet. Nehmen Sie dann immer die doppelte der im Rezept angegebene Menge an Bananen.

Für Zubereitungen wie Smoothies, Chutneys, Aufstriche, Currys, gebraten oder anderweitig gegart, können Sie kleine wie große Früchte verwerten. Dabei kommt es nicht auf eine grammgenaue Menge an.

Will man Bananen beim Backen von etwa Banana Bread einsetzen, gilt Folgendes:

Bei besonders kleinen Bananen gibt man etwa die Hälfte mehr hinzu, als in der Rezeptur steht.

Bei besonders großen Exemplaren kann man diese verwenden und gibt dem Teig/der Masse zusätzlich 1–2 EL Mehl hinzu.

BANANEN: DIE PERFEKTEN NO-WASTE-FRÜCHTE

Sollten doch einmal Früchte übrig geblieben sein, die schon überreif sind und eigentlich dringend wegmüssen, es aber gerade keine Gelegenheit gibt, sie zu verbrauchen?

Friert die geschälten Bananen in Stücke geschnitten ein und verbraucht sie innerhalb 3–4 Monaten. Sie können dann gefroren in Milchshakes, Smoothie-Bowls, Eis oder eine Suppe gemixt werden.

Als Ersatz für Eier in der veganen Küche, dann gerne den Zucker im Rezept reduzieren, da die überreifen Bananen sehr süß sind.

Waffeln mit Bananen backen – dafür einfach Mehl, zerdrückte Bananen, Backpulver und Milch verrühren. (Rezept dazu siehe Seite 28)

Als cremige Zutat in Kuchenfüllungen – zerdrückte Banane in geschlagene Sahne, Mascarpone oder Quark rühren. Passt besonders gut zu säuerlicheren Obstsorten.

In Stücke geschnitten und eingefroren und in der Küchenmaschine zu Eiscreme püriert. Vegan wird die »Nicecream« mit Pflanzenmilch, vollmundig und cremiger mit Sahne. (siehe Seite 140)

Super-schnelles Bananen-Dessert: Banane in Scheiben schneiden, auf passende Kekse legen und mit flüssiger Schokolade überziehen. (Das ist so einfach, da muss gar kein Rezept ins Buch.)

Banana Bread: ob süß oder herzhaft (Varianten von Seite 34–41)

Smoothie Bowls können immer eine überreife Banane vertragen.

Fruchtmark einkochen: Apfelmark einkochen ist eine beliebte Art der Haltbarmachung für eine reiche Apfelernte. In dieses Apfelmark kann man auch reife und überreife Bananen mischen. Einfach kurz pürieren und untermischen. Die Bananen sorgen für zusätzliche Süße, Zucker ist daher nicht nötig. Zusammen mit anderen reifen Früchten ergeben sich aromatische Fruchtmark-Sorten. In sterilisierte Gläser eingeweckt ein praktischer Nachtisch im Winter.

Schöne Erinnerung aus der Kindheit und erfrischend im Sommer: Bananenmilch

Als Milkshake: gefrorene Bananen mit Milch mixen, wer mag gibt noch etwas Vanilleeis dazu und verfeinert mit geschlagener Sahne

Bananen-Ingwer-Dressing: 1 kleine überreife Banane, 2 cm geriebene Ingwerwurzel, 2 EL neutrales Pflanzenöl, Saft von 1 Limette oder Zitrone, 1 TL milder Senf, Salz, Cayennepfeffer. Alle Zutaten in einem Mixbecher pürieren. Passt zu Rohkostsalaten mit Weißkohl, Karotten, Zwiebeln, Chinakohl und Mango. Auch Salate mit Hähnchen oder Garnelen oder knackige Blattsalate wie Romana, Chicoreé oder Eisberg vertragen dieses fruchtige Dressing sehr gut.

Chutneys mit Südfrüchten und Chili können mit einer überreifen Banane verfeinert werden.

Schoki-Bananen vom Grill: Dafür gehen auch die überreifen Exemplare. Besonders fein: an der Rundung aufschneiden Schale leicht aufziehen und mit einigen Stücken Schokolade füllen, dann 10 Minuten grillen. Mit einem Löffel aus der Schale essen.

Schnelles Dessert: Bananen-Quark. Zerdrückte Banane mit Sahnequark und Zitronensaft verrühren. Sehr fein mit anderen, eher säuerlichen Früchten. Beeren, Mango, Passionsfrucht verfeinern Bananenquark effektiv. Auch geröstete Kerne oder Nüsse, zerbröckelte Kekse oder Löffelbiskuit untermischen.

Superschneller Maulwurfkuchen im Glas (Schokokekse, geschlagene Sahne (oder griechischer Joghurt, Quark) und zerdrückte Banane).

Wichtiger Hinweis:
Inzwischen gibt es auch zahlreich Zubereitungen, die die Schalen der Bananen mit verwerten. Auf die Verwendung der Schalen verzichte ich vorsichtshalber. Auch wenn es viele Anbieter von Bio-Bananen gibt, ist nicht sichergestellt, dass alle Bananen mit diesen Labeln auch wirklich aus diesem Anbau stammen. Zudem ist bei Bio-Siegeln aus anderen Ländern nicht immer einwandfrei nachvollziehbar, wie streng die Kontrollen zu diesen Vorgaben sind.

BANANEN RICHTIG LAGERN

Um den Reifeprozess langsam ablaufen zu lassen, sollten die Bananen möglichst bei (kühler) Raumtemperatur gelagert werden.

Im Kühlschrank reifen Bananen nicht weiter, sondern werden in ihrem momentanen Reifezustand braun.

Grüne Bananen besser bei Zimmertemperatur nachreifen lassen. Danach kann man sie kurze Zeit im Kühlschrank aufbewahren, um den Reifeprozess zu stoppen.

Bevorzugt hellgrüne und hellgelbe Bananen kaufen, sie schmecken am besten als Obst zum Sofortverzehr.

Anstatt im Obstkorb zu liegen, hängen Bananen gerne an einem Haken. Dadurch werden Druckstellen vermieden.

Wickelt man das Stilende in Wachspapier oder (notfalls) in Frischhaltefolie, reifen sie langsamer.

Zum schnelleren Nachreifen legt man Bananen in eine Papiertüte. So wird das Reifegas Ethylen nicht in die Umgebung abgegeben, sondern bleibt in der Tüte und beschleunigt das Nachreifen. Auch zusammen mit anderem Obst, etwa Äpfeln, oder in der warmen Sonne können Bananen zügig nachreifen.

DIE FÜNF REIFEGRADE DER BANANE

Wir haben bei jedem Rezept vermerkt,mit welchen Reifegraden es sich am besten zubereiten lässt.

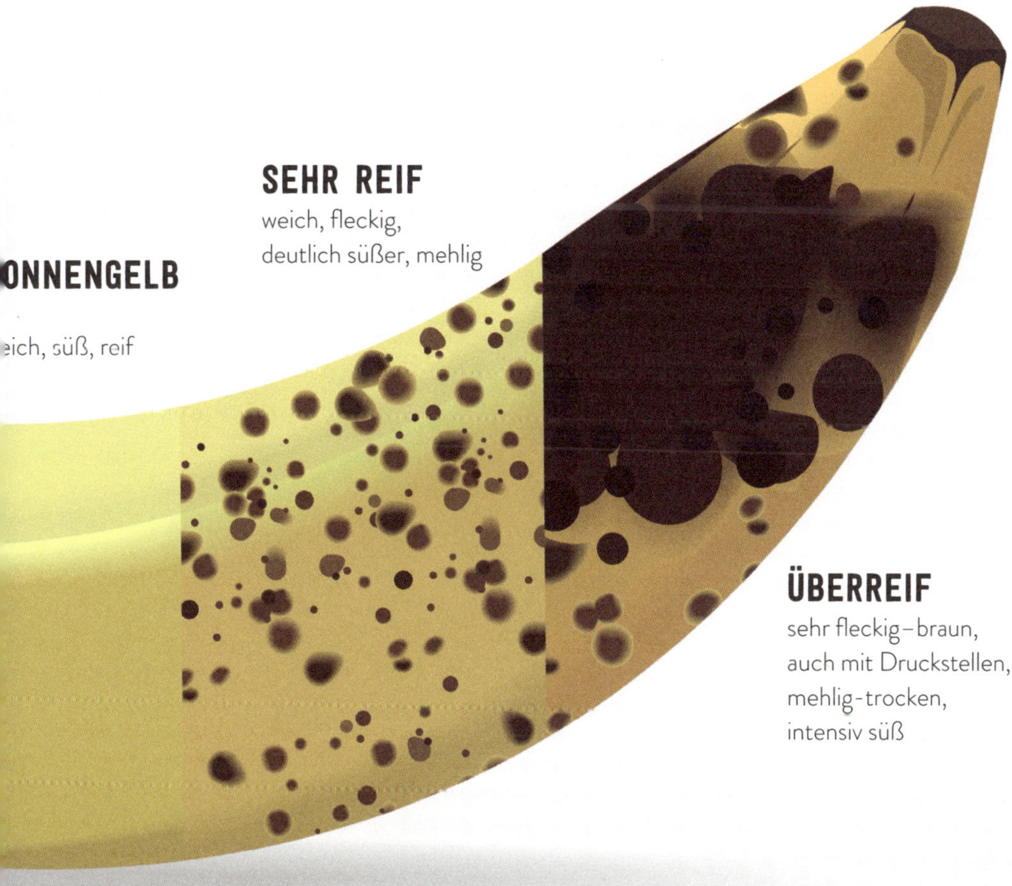
SEHR REIF
weich, fleckig,
deutlich süßer, mehlig
ONNENGELB
eich, süß, reif
ÜBERREIF
sehr fleckig–braun,
auch mit Druckstellen,
mehlig-trocken,
intensiv süß

FRÜH-
STÜCK

BANANEN-BOWL

Für 2 Personen • Zubereitungszeit 10 Minuten

2 reife Bananen (braune Schale, auch mit Druckstellen)
2 EL Mandelmus
3 EL Chiasamen oder geschrotete Leinsamen
1 gehäufter EL Kakaopulver
250 ml Mandelmilch
frische Beeren (etwa Himbeeren, Heidelbeeren, Erdbeeren) zum Servieren
1 EL Kakaonibs
1 TL Sesamsamen
1 EL Kokoschips

Die Bananen schälen und in Stücke teilen. In einem Standmixer zusammen mit dem Mandelmus, den Chia- oder Leinsamen, dem Kakaopulver und der Mandelmilch fein pürieren.

Das Püree auf zwei Schüsseln verteilen. Die Beeren verlesen, waschen und trocken tupfen. Die Bowl mit den Kakaonibs, den Sesamsamen, den Beeren und den Kokoschips garniert servieren.

BANANEN-PANCAKES

Für 4 Personen • Zubereitungszeit 15 Minuten • Garzeit 10 Minuten

2 reife Bananen (braune Schale, auch mit Druckstellen)
200 g Weizenmehl Type 405 oder Dinkelmehl Type 630
150 ml Milch (alternativ Pflanzenmilch)
1 Prise Salz
1 TL Backpulver
3–4 EL neutrales Pflanzenöl
200 g Heidelbeeren (frisch oder TK, aufgetaut)
1 Banane (hellgelb oder gelb)
Ahornsirup zum Beträufeln

Die Bananen schälen, in Stücke teilen und in einen hohen Mixbecher geben. Zusammen mit dem Mehl, der Milch, dem Salz und dem Backpulver zu einem Pancake-Teig pürieren. Eine Pfanne erhitzen und etwas Öl hineingeben. Den Teig in Pancake-Portionen in der Pfanne verteilen und von jeder Seite bei mittlerer Temperatur in 1–2 Minuten goldbraun ausbacken. Die Pancakes bis zum Servieren warm halten.

Die frischen Heidelbeeren verlesen, waschen und trocken tupfen. Die Banane schälen und in Scheiben schneiden.

Die Pancakes mit den Heidelbeeren und den Bananenscheiben anrichten. Mit dem Ahornsirup beträufeln und servieren.

BANANEN-BACON-PFANNKUCHEN

Für 4 Personen • Zubereitungszeit 10 Minuten • Garzeit 15 Minuten

4 Eier
250 g Weizenmehl Type 405
1 Prise Salz
1 TL Backpulver
350 ml Milch
2 Bananen (hellgelb bis sonnengelb)
8 Scheiben Bacon
2 EL Salzbutter

Die Eier mit dem Mehl, dem Salz und dem Backpulver in einer Schüssel verrühren. Die Milch zugeben und alles zu einem Pfannkuchenteig glatt rühren. Die Bananen schälen und der Länge nach halbieren.

Zwei Scheiben Bacon in einer Pfanne bei mittlerer Temperatur auslassen und braun braten. 1 TL Salzbutter und eine Bananenhälfte zugeben und die Banane 1 Minute anbraten. Eine Kelle Teig über dem Bacon und der Banane verteilen und 2 Minuten ausbacken. Den Pfannkuchen wenden und weitere 2 Minuten backen. Bis zum Servieren warm halten.

Auf diese Weise drei weitere Pfannkuchen mit dem übrigen Bacon und den übrigen Bananen backen. Die Pfannkuchen warm und sofort servieren.

TIPP

Die Pfannkuchen sind herzhaft-süß und passen perfekt zu einem Brunch.

CRUMBLED BAKED BANANA OATMEAL

Für 4 Personen • Zubereitungszeit 20 Minuten • Backzeit 20 Minuten

Für das Oatmeal

1 TL neutrales Pflanzenöl
2 reife Bananen (braune Schale, auch mit Druckstellen)
2 Eier
100 ml Milch (alternativ Nuss- oder Pflanzenmilch)
120 g kernige Getreideflocken (etwa Hafer, Dinkel, Buchweizen)
1 TL Backpulver

Für den Crumble

50 g Butter
2 EL Rohrohrzucker
2 EL Haselnussblättchen
30 g Dinkelmehl Type 630
2 EL Kakaopulver
2 Prisen Salz

Den Backofen auf 175 °C Ober-/Unterhitze vorheizen. Vier ofenfeste Souffléförmchen oder eine Auflaufform (15 x 15 cm) mit dem Öl einfetten.

Für das Oatmeal die Bananen schälen und in einer Schüssel zu Mus zerdrücken. Die Eier, die Milch, die Getreideflocken und das Backpulver untermischen. Die Masse in die Förmchen bzw. Form füllen.

Für den Crumble die Butter mit dem Rohrohrzucker, den Haselnussblättchen, dem Mehl, dem Kakaopulver und dem Salz vermengen. Die Masse zu Streuseln verreiben und diese auf der Oatmeal-Masse verteilen.

Das Crumbled Baked Banana Oatmeal im vorgeheizten Backofen 15–20 Minuten backen. Anschließend in Portionen teilen und auf Tellern servieren.

TIPP

Serviert das Banana Oatmeal mit Eurem Lieblingsobst und etwas Nussmus. Fertig ist das perfekte Frühstück!

BANANEN-PROTEIN-SHAKE

Für 2 Personen • Zubereitungszeit 5 Minuten

2 reife Bananen (braune Schale, auch mit Druckstellen)
250 g Magerquark
150 ml Milch
1 Prise Salz
2 EL Leinsamen
½ TL Kardamompulver
½ TL Zimtpulver

Die Bananen schälen und zusammen mit dem Magerquark, der Milch, dem Salz, den Leinsamen und den Gewürzen in einem Mixbecher fein pürieren. Anschließend den Shake in Gläser füllen und sofort servieren.

TIPP

Wer es gerne etwas süßer mag, gibt vor dem Mixen 1–2 TL Ahornsirup, Honig, Zucker oder 1–2 Datteln hinzu.

SOFTE BANANEN-MÜSLIRIEGEL

Für 20 Stück • Zubereitungszeit 10 Minuten • Backzeit etwa 30 Minuten

3 reife Bananen (braune Schale, auch mit Druckstellen)
1 TL Zimtpulver
2 Prisen Salz
200 g Müslimischung
2 EL Nussmus (etwa Erdnuss, Mandel, Haselnuss)
3 EL zimmerwarmes Kokosöl (alternativ anderes neutrales Pflanzenöl)

Ein Backblech mit Backpapier auslegen. Den Backofen auf 150 °C Ober-/Unterhitze vorheizen.

Die Bananen schälen und in einer Schüssel zu Mus zerdrücken. Den Zimt, das Salz, die Müslimischung, das Nussmus und das Kokosöl zugeben und alles vermengen. Nach Bedarf 2–3 EL Wasser hinzufügen, falls die Masse zu trocken sein sollte.

Die Masse auf das Backblech geben, 2 cm dick verstreichen, andrücken und im vorgeheizten Backofen 25–30 Minuten backen. Anschließend abkühlen lassen. Dann längs in drei Streifen schneiden und danach aus jedem Streifen sechs Stücke schneiden.

Die Müsliriegel entweder sofort servieren oder in einer gut verschließbaren Dose aufbewahren. Sie sind etwa 1 Woche haltbar.

TIPP

Für etwas mehr Süße 1–2 EL Rohrohrzucker mit in die Masse geben.

BANANENWAFFELN MIT ORANGENJOGHURT

Für 6 Stück • Zubereitungszeit 15 Minuten • Garzeit 15 Minuten

Für die Waffeln
- 2 reife Bananen (braune Schale, auch mit Druckstellen)
- 250 ml Buttermilch (alternativ Joghurt)
- 120 ml neutrales Pflanzenöl plus mehr zum Einfetten
- 30 g Rohrohrzucker
- 1 TL Backpulver
- 1 Prise Salz
- 250 g Dinkelmehl Type 630

Außerdem
- 1 unbehandelte Orange
- 300 g Naturjoghurt
- ½ TL Kardamompulver
- ½ Granatapfel
- 2 EL Pistazienkerne

Für die Waffeln die Bananen schälen und in Stücke teilen. Mit der Buttermilch in einem Mixbecher pürieren. Dann mit dem Öl, dem Zucker, dem Backpulver, dem Salz und dem Mehl zu einem Waffelteig glatt rühren. Das Waffeleisen vorheizen und leicht einölen. Den Teig portionsweise darin goldbraun und knusprig zu Waffeln ausbacken.

Die Orange waschen, trocken tupfen, die Schale fein abreiben und den Saft auspressen. Beides mit dem Joghurt und dem Kardamom verrühren. Die Granatapfelkerne aus der Schale lösen.

Die Waffeln noch warm mit dem Orange-Kardamom-Joghurt, den Pistazien und Granatapfelkernen anrichten und servieren.

GEFÜLLTE MÜSLI-TARTELETTES

Für 8 Stück • Zubereitungszeit 15 Minuten • Backzeit 25 Minuten

2 EL neutrales Pflanzenöl plus mehr zum Einfetten
3 reife Bananen (ca. 250–300 g; braune Schale, auch mit Druckstellen)
150 g kernige Haferflocken
½ Tonkabohne, frisch gerieben (nach Belieben; alternativ ½ TL Zimtpulver)
1 Prise Salz
250 g gemischte frische Beeren (Obst der Saison)
250 g griechischer Joghurt
1 TL Sesamsamen
2–3 TL Honig (nach Belieben)

Den Backofen auf 180 °C Ober-/Unterhitze vorheizen. Die 8 Mulden eines Muffinblechs mit Öl einfetten.

Die Bananen schälen und in einem Mixbecher mit dem Stabmixer pürieren. Die Haferflocken, das Öl, die Tonkabohne nach Belieben sowie das Salz zugeben und vermengen. Die Masse in den Formen verteilen, dabei mit einem Löffel gleichmäßig dick am Boden und an den Rändern andrücken. Die Tartelettes im vorgeheizten Backofen 20–25 Minuten backen. Anschließend abkühlen lassen.

Die Beeren verlesen, waschen und trocken tupfen. Die Tartelettes aus den Formen lösen und mit dem Joghurt und den Beeren füllen. Mit dem Sesam bestreuen, den Honig nach Belieben darüberträufeln und die Müsli-Tartelettes servieren.

BANANA BREAD

BANANA BREAD –
Einfaches Schokoladen-Bananen-Brot

Für etwa 12 Stücke (Backform 20 x 25 cm) • Zubereitungszeit 10 Minuten
Backzeit 30 Minuten

Für den Teig
150 g Zartbitterschokolade
2 reife Bananen (ca. 200 g; auch mit Druckstellen und Flecken)
120 ml Milch
120 ml neutrales Pflanzenöl
200 g Dinkelvollkornmehl
2 EL Kakaopulver
1,5 TL Backpulver
75 g Rohrohrzucker
¼ TL Salz

Außerdem
1 reife Banane (ohne Druckstellen)
Saft von ½ Zitrone
2 TL Honig

Die Backform mit Backpapier auslegen. Den Backofen auf 180 °C Ober-/Unterhitze vorheizen.

Für den Teig die Schokolade hacken. Die Bananen schälen und in einer Schüssel zu Mus zerdrücken. Die Milch, das Öl, das Mehl, das Kakaopulver, das Backpulver, den Zucker, das Salz und die Schokolade zugeben und alles zu einem Teig vermengen. Den Teig in die Form füllen.

Die Banane ohne Druckstellen schälen und in Scheiben schneiden. Die Scheiben mit dem Zitronensaft und dem Honig marinieren. Dann auf dem Teig verteilen.

Das Schokoladen-Bananen-Brot im vorgeheizten Backofen auf dem mittleren Einschub 30 Minuten backen. Anschließend abkühlen lassen, in Stücke schneiden und servieren.

KLASSISCHES BANANA BREAD

Für 1 Kastenform (etwa 20 x 11 cm) • Zubereitungszeit 20 Minuten • Backzeit 45 Minuten

- 150 ml neutrales Pflanzenöl plus mehr zum Einfetten
- 175 g gemahlene Mandelkerne plus mehr für die Form
- ½ Vanilleschote
- 3 reife bzw. überreife Bananen (braune Schale, auch mit Druckstellen)
- 75 g Rohrohrzucker
- 100 ml Kokosmilch (alternativ andere Pflanzenmilch)
- 200 g Dinkelvollkornmehl
- 1 TL Backpulver
- ½ TL Salz

Die Kastenform mit Öl einfetten und mit Mandeln ausstreuen. Den Backofen auf 180 °C Ober-/Unterhitze vorheizen.

Die Vanilleschote längs aufschneiden und das Mark auskratzen. Die Bananen schälen und in einer Schüssel zu Mus zerdrücken. Das Bananenmus mit dem Vanillemark, dem Zucker, dem Öl, der Kokosmilch, den Mandeln, dem Mehl, dem Backpulver und dem Salz zu einem Teig vermengen.

Den Teig in die Form füllen, glatt streichen und im vorgeheizten Backofen 45 Minuten backen. Anschließend das Banana Bread abkühlen lassen, in Scheiben schneiden und servieren.

TIPP

Auch andere Backformen eignen sich gut für das Banana Bread. Mit der Stäbchenprobe können Sie den Backvorgang beobachten.

HERZHAFTES BANANA BREAD

Für 1 Kastenform (20 x 11 cm) ● Zubereitungszeit 20 Minuten ● Backzeit 45 Minuten

75 ml neutrales Pflanzenöl plus ggf. mehr zum Einfetten
2 reife Bananen (auch mit Druckstellen und Flecken)
200 ml Buttermilch
200 g Vollkornflocken
200 g Dinkelvollkornmehl
2 TL Backpulver
1 TL Salz
3 Prisen frisch geriebene Muskatnuss
1 TL getrocknete Kräuter
50 g Leinsaat

Die Kastenform einfetten oder mit Backpapier auslegen. Den Backofen auf 180 °C Ober-/Unterhitze vorheizen.

Die Bananen schälen und in einer Schüssel zu Mus zerdrücken und mit dem Öl und der Buttermilch verrühren. Die Vollkornflocken, das Mehl, das Backpulver, das Salz, Muskat, Kräuter und Leinsaat vermischen. Dann beide Mischungen miteinander zu einem Teig vermengen.

Den Teig in die Form füllen und im vorgeheizten Backofen etwa 45 Minuten backen. Anschließend das Banana Bread abkühlen lassen, in Scheiben schneiden und servieren.

BANANA CORN BREAD

Für 16 Stücke (Kuchenform 24 cm ø) • Zubereitungszeit 20 Minuten
Backzeit 45 Minuten

- 50 ml neutrales Pflanzenöl plus mehr zum Einfetten
- 125 g Maismehl plus mehr für die Form
- 175 g Dinkelmehl Type 630
- 1 TL Backpulver
- ½ TL Natron
- ½ TL Salz
- 2 EL brauner Zucker
- 2 reife Bananen (braune Schale, auch mit Druckstellen)
- 250 ml Buttermilch
- 1 Ei

Den Backofen auf 175 °C Ober-/Unterhitze vorheizen. Die Kuchenform mit Öl einfetten und mit Maismehl ausstreuen.

Das Maismehl und das Dinkelmehl mit dem Backpulver, dem Natron, dem Salz und dem braunen Zucker mischen. Die Bananen schälen, zu Mus zerdrücken und mit dem Öl, der Buttermilch und dem Ei verrühren. Dann die Bananenmasse zur Mehlmischung geben und alles zu einem Teig glatt rühren.

Den Teig in die Form füllen und im vorgeheizten Backofen 30–40 Minuten backen. Anschließend das Banana Corn Bread abkühlen lassen, in Stücke schneiden und servieren.

TIPP

- Dieser amerikanische Klassiker passt besonders gut als Beilage zu Chilis und Currys.
- Für eine besonders herzhafte Variante 2 Knoblauchzehen abziehen und hacken, 1 Chilischote ebenfalls hacken und zusammen mit 2 TL getrockneten italienischen Kräutern unter den Teig mengen.

GEBÄCK UND KUCHEN

RIESEN-BANANEN-COOKIE
aus der Pfanne

Für etwa 12 Stück (1 Gusseisenpfanne 20 cm ø; alternativ 1 andere ofenfeste Pfanne)
Zubereitungszeit 10 Minuten • Backzeit 25 Minuten

50 g Walnusskerne
1 reife Banane (braune Schale, auch mit Druckstellen)
100 g weiche Butter
50 g Rohrohrzucker
150 g Weizenmehl Type 405 (alternativ Dinkelmehl Type 630 oder Vollkornmehl)
½ TL Salzflocken
1 TL neutrales Pflanzenöl
2 EL backfeste Schokodrops (alternativ Kakaonibs)

Die Walnüsse grob hacken. Die Banane schälen und in einer Schüssel zu Mus zerdrücken. Die Walnüsse, die Butter, den Zucker, das Mehl und die Salzflocken zugeben und alles zu einem Teig verkneten.

Die gusseiserne Pfanne mit dem Öl einfetten.
Den Teig in der Pfanne verteilen, andrücken, mit den Schokodrops bestreuen und im vorgeheizten Backofen 20–25 Minuten backen. Anschließend den Bananen-Cookie abkühlen lassen, in 12 Stücke schneiden und servieren.

BANANENMUFFINS

Für 1 Mini-Muffin-Blech (24er) • Zubereitungszeit 20 Minuten • Backzeit 20–25 Minuten

Für das Topping
60 g kernige Haferflocken
20 g Rohrohrzucker
2 Prisen Salz
½ TL Zimtpulver
40 g kalte Butter

Für den Teig
60 ml neutrales Pflanzenöl plus ggf. mehr zum Einfetten
2 reife Bananen (braune Schale, auch mit Druckstellen, ca. 200 g)
½ Vanilleschote
100 ml Buttermilch
160 g Dinkelmehl Type 630
1 gehäufter TL Backpulver
½ TL Natron
80 g Rohrohrzucker

Den Backofen auf 180 °C Ober-/Unterhitze vorheizen. Das Muffinblech mit Papierschalen auslegen oder einfetten.

Für das Topping die Haferflocken mit dem Rohrohrzucker, dem Salz und dem Zimt in einer Schüssel mischen. Die Butter untermengen und die Masse zu Streuseln verreiben.

Für den Teig die Bananen schälen und in einer Schüssel zu Mus zerdrücken. Die Vanilleschote längs halbieren und das Mark auskratzen. Das Vanillemark mit den Bananen, der Buttermilch und dem Öl verrühren. Dann das Mehl, das Backpulver, das Natron und den Rohrohrzucker zugeben und alles kurz mit einer Gabel zu einem Teig vermengen.

Den Teig in die Muffinmulden füllen, mit den Streuseln bedecken und im vorgeheizten Backofen 25–30 Minuten backen. Anschließend die Muffins abkühlen lassen und servieren.

TIPP

So wird das Rezept schnell vegan: Einfach die Buttermilch durch Pflanzenmilch ersetzen und die Butter durch Kokosöl.

BANANEN-KOKOS-KUCHEN VOM BLECH

Für 20 Stücke • Zubereitungszeit 20 Minuten • Backzeit 35 Minuten

Für den Teig
200 g Kokosflocken
200 g Weizenmehl Type 405
2 TL Backpulver
2 Prisen Salz
4 Eier
80 g Rohrohrzucker
2 große reife Bananen (braune Schale, auch mit Druckstellen)
50 g Kokosöl (alternativ anderes neutrales Pflanzenöl)
180 ml Kokosmilch
Saft von 1 Limette

Für den Sirup
3 unbehandelte Limetten
½ Vanilleschote
150 ml Maracujasaft (alternativ Nektar)
75 g Zucker

Für das Topping
3 Passionsfrüchte
1 TL Speisestärke
200 g Frischkäse

TIPP

Die Kerne der Passionsfrüchte geben dem Kuchen eine tolle Optik. Wer den Knack nicht so gerne mag, streicht die Passionsfruchtmischung durch ein Sieb.

Ein Backblech mit Backpapier auslegen. Den Backofen auf 180 °C Ober-/Unterhitze vorheizen.

Für den Teig die Kokosflocken, das Mehl, das Backpulver und das Salz in einer Schüssel vermischen. Die Eier mit dem Zucker in der Küchenmaschine dickschaumig aufschlagen. Die Bananen schälen und mit einer Gabel zu Mus zerdrücken. Dann das Kokosöl, die Kokosmilch, den Limettensaft und das Bananenmus zum Eischaum geben. Die Mehlmischung hinzufügen und unterheben. Den Teig auf dem Backblech verteilen, glatt streichen und im vorgeheizten Backofen auf dem mittleren Einschub 35 Minuten backen.

Für den Sirup die unbehandelte Limette waschen, trocken tupfen und die Schale dünn abreiben. Den Saft aller Limetten auspressen. Die Vanilleschote längs aufschneiden und das Mark auskratzen. Limettensaft, -schale, Mark und ausgekratzte Schote mit 100 ml Wasser, dem Maracujasaft sowie dem Zucker aufkochen. Offen bei mittlerer Temperatur 10 Minuten köcheln lassen. 2 EL des Sirups für den Guss abnehmen und beiseitestellen.

Den Kuchen aus dem Ofen nehmen. Mit einem Holzspieß Löcher einstechen und den gesamten Kuchen mit dem Maracujasirup tränken. 2 Stunden ziehen lassen.

Für das Topping die Passionsfrüchte halbieren und das Mark auskratzen. Das Mark mit 2 EL Wasser und der Speisestärke in einem Topf unter Rühren aufkochen. 1 Minute köcheln lassen. Zum Abkühlen beiseitestellen. Den Frischkäse mit dem beiseitegestellten Sirup glatt rühren und den Guss auf dem Kuchen verstreichen. Das Passionsfruchtmark über dem Guss verteilen. Den Kuchen in Stücke schneiden und servieren.

ZUPFBROT
mit Bananenfüllung

Für 1 Kastenform (25 x 11 cm) • Zubereitungszeit 20 Minuten plus Gehenlassen 2 Stunden
Garzeit 45 Minuten

175 ml Milch
20 g frische Hefe
400 g Dinkelmehl Type 630
50 g zimmerwarme Butter plus mehr zum Einfetten
75 g Rohrohrzucker
½ TL Salz
1 Ei
3 reife Bananen (auch mit braunen Stellen)
Saft von 1 Zitrone
1 Glas Lemon Curd

Die Milch lauwarm erwärmen, die Hefe hineinbröckeln und verrühren. Das Mehl in eine Schüssel geben und eine Mulde in das Mehl drücken. Die Hefemilch dort hineingießen und mit einem Teil des Mehls zu einem dickflüssigen Brei verrühren. Den Vorteig abgedeckt 15 Minuten gehen lassen.

Anschließend die Butter, den Zucker, das Salz und das Ei zu dem Vorteig geben und alles in 5 Minuten zu einem glatten, elastischen Teig verkneten. Den Teig abgedeckt an einem warmen Ort 30 Minuten gehen lassen.

Die Kastenform mit Backpapier auslegen. Die Bananen schälen und in einer Schüssel mit dem Zitronensaft zu Mus zerdrücken. Den Teig auf der leicht bemehlten Arbeitsfläche etwa 30 x 40 cm groß ausrollen. Das Bananenmus und den Lemon Curd in Klecksen auf dem Teig verteilen und etwas verstreichen. Den Teig (zum Beispiel mit einem Pizzarad) in 5 x 5 cm große Stücke schneiden. Jeweils 2–3 Teigstücke übereinanderlegen und aufrecht in die Form stellen. Auf diese Weise alle Teigstücke in die Form schichten. Dann den Teig erneut abgedeckt an einem warmen Ort 30–34 Minuten gehen lassen.

Den Backofen kurz vor Ende der Gehzeit auf 170 °C Ober-/Unterhitze vorheizen. Das Zupfbrot im vorgeheizten Backofen 40–45 Minuten backen. Anschließend lauwarm abkühlen lassen und zum Servieren abzupfen.

BANANEN-NUSS-BABKA

Für 1 Kastenform (25 x 11 cm) • Zubereitungszeit 20 Minuten plus Gehenlassen 2 Stunden • Garzeit 45 Minuten

Für den Teig

250 g Dinkelmehl Type 630 plus mehr zum Bearbeiten
2 Prisen Salz
½ Päckchen Trockenhefe
1 EL Rohrohrzucker
2 reife Bananen (ca. 150 g; auch mit Druckstellen)
100 ml Milch
Schale von ½ unbehandelten Zitrone
50 g zimmerwarme Butter plus mehr zum Einfetten

Für die Füllung

100 g gemahlene Haselnusskerne
2 EL Haselnussmus
50 ml Kokosmilch (alternativ Pflanzenmilch)
2 TL dunkles Kakaopulver
20 g Rohrohrzucker

Für den Teig das Mehl mit dem Salz, der Hefe und dem Rohrohrzucker in einer Schüssel mischen. Die Bananen schälen und mit der Milch fein pürieren. Das Bananenpüree und die Zitronenschale zum Mehl geben und alles in der Küchenmaschine mit den Knethaken zu einem Teig verkneten. Dann die Butter nach und nach zugeben und mindestens 5 Minuten weiterkneten. Den Teig abgedeckt an einem warmen Ort 45 Minuten gehen lassen. Die Kastenform mit Butter einfetten.

Für die Füllung inzwischen die Haselnüsse mit dem Nussmus, der Kokosmilch, dem Kakaopulver und dem Zucker verrühren. Den Teig auf der leicht bemehlten Arbeitsfläche 5 mm dick (etwa 50 x 40 cm) ausrollen. Die Füllung darauf verteilen und glatt streichen. Den Teig von der langen Seite her aufrollen. Die Rolle der Länge nach halbieren. Die Enden etwas zusammendrücken und dann die beiden Stränge miteinander verschlingen. Zuletzt am unteren Ende ebenfalls zusammendrücken; die Schnittflächen mit der Füllung sollten zu sehen sein. Den Zopf in die Form legen, abdecken und 1–1,5 Stunden gehen lassen, bis sich sein Volumen verdoppelt hat.

Den Backofen rechtzeitig auf 180 °C Ober-/Unterhitze vorheizen. Den Babka im vorgeheizten Backofen 45 Minuten backen. Anschließend abkühlen lassen, in Scheiben schneiden und servieren.

BANANEN-VOLLKORN-COOKIES

Für 15 Stück • Zubereitungszeit 15 Minuten • Backzeit 12 Minuten

75 g Nusskernmischung (alternativ einzelne Sorte)
1 reife Banane (auch mit Druckstellen und Flecken)
120 g Butter
150 g Dinkelvollkornmehl
75 g Rohrohrzucker
1 Prise Salz
½ TL Backpulver

Den Backofen auf 180 °C Ober-/Unterhitze vorheizen. Ein Backblech mit Backpapier auslegen.

Die Nüsse hacken. Die Banane schälen und in einer Schüssel zu Mus zerdrücken. Zusammen mit der Butter, dem Mehl, dem Zucker, dem Salz und dem Backpulver zu einem Teig verkneten.

Aus dem Teig 15 Bällchen formen und diese auf das Backblech setzen. Die Cookies im vorgeheizten Backofen etwa 15 Minuten backen; sie sollten außen schön braun und innen noch weich sein, dann sind sie fertig. Anschließend abkühlen lassen und servieren.

BANANEN-ERDNUSSBUTTER-KEKSE

Für etwa 15 Stück • Zubereitungszeit 30 Minuten • Backzeit 15 Minuten

Für die Kekse

- 2 kleine reife Bananen (auch mit Druckstellen)
- 2 Eier
- 50 g Kokosblütenzucker
- 140 g feine Haferflocken
- 1 TL Backpulver
- ¼ TL Salz

Außerdem

- 150 g Zartbitterkuvertüre
- 3–4 EL Erdnussbutter
- 2 EL grob gehackte Erdnusskerne

Den Backofen auf 200 °C Ober-/Unterhitze vorheizen. Ein Backblech mit Backpapier auslegen.

Für die Kekse die Bananen schälen und mit den Eiern und dem Kokosblütenzucker pürieren. Die Haferflocken im Standmixer, im Multizerkleinerer oder in der Küchenmaschine fein mahlen. Mit dem dem Backpulver und dem Salz zum Bananenpüree geben und alles zu einem Teig vermengen. Den Teig 5 Minuten ruhen lassen. Dann mit einem Esslöffel gleichmäßige Keksportionen davon abstechen und auf dem Backblech verteilen. Die Kekse im vorgeheizten Backofen 13–15 Minuten backen. Anschließend abkühlen lassen.

Die Kuvertüre hacken und die Hälfte davon in einer Schüssel über einem heißen Wasserbad schmelzen. Danach die Schüssel vom Herd nehmen, die übrige Kuvertüre zugeben und unter Rühren schmelzen. Bei Bedarf noch einmal kurz über dem Wasserbad erwärmen.

Auf jeden Keks einen Tupfen Erdnussbutter setzen und mit der Kuvertüre überziehen. Mit den Erdnüssen bestreuen, die Kuvertüre fest werden lassen und die Kekse servieren.

BANANEN-TASSENKUCHEN
aus der Mikrowelle

Für 4 Tassen à 200 ml • Zubereitungszeit 10 Minuten • Garzeit 2–3 Minuten

1 reife Banane (auch mit Druckstellen)
100 ml Milch
50 ml Pflanzenöl plus mehr zum Einfetten
100 g Weizenmehl Type 405
½ TL Backpulver
1 Prise Salz
30 g Zucker
4 TL Schoko-Nuss-Creme

Die Banane schälen und in einer Schüssel zu Mus zerdrücken. Die Milch, das Öl, das Mehl, das Backpulver, das Salz und den Zucker hinzufügen und alles zu einem Teig vermengen. Die vier Tassen mit Öl fetten und die Hälfte des Teigs in die Tassen geben. Je 1 TL Schoko-Nuss-Creme daraufsetzen und mit dem übrigen Teig bedecken.

Die Bananen-Tassenkuchen in der Mikrowelle 2–3 Minuten garen. Anschließend lauwarm servieren.

BANANEN-ZITRONEN-MUFFINS

Für 12 Stück (12er-Muffinblech) • Zubereitungszeit 15 Minuten • Backzeit 25 Minuten

Für den Teig
2 unbehandelte Zitronen
3–4 reife Bananen (ohne Druckstellen)
80 g Rohrohrzucker
3 Eier
100 ml neutrales Pflanzenöl
220 g Weizenmehl Type 405
2 TL Backpulver
1 Prise Salz

Für den Guss
150 g Puderzucker

Den Backofen auf 180 °C Ober-/Unterhitze vorheizen. Das Muffinblech mit Papierschalen auslegen.

Für den Teig die Zitronen heiß waschen, trocken tupfen, die Schale fein abreiben und den Saft auspressen. 2 EL Zitronensaft für den Guss abnehmen und beiseitestellen. Die Bananen schälen und würfeln. Mit dem übrigen Zitronensaft, der Zitronenschale, dem Zucker, den Eiern und dem Öl verrühren. Das Mehl, das Backpulver sowie das Salz mischen, zur Bananenmasse geben und alles kurz vermengen. Den Teig in die Muffinmulden füllen und im vorgeheizten Backofen etwa 25 Minuten backen. Anschließend die Muffins abkühlen lassen.

Für den Guss den Puderzucker mit dem beiseitegestellten Zitronensaft verrühren. Die Muffins mit dem Guss überziehen und servieren.

BANANEN-SCHOKO-CUPCAKES
mit Cranberry-Frosting

Für 12 Stück (1 12er-Muffinblech) • Zubereitungszeit 30 Minuten • Backzeit 25 Minuten

Für den Teig
75 g Zartbitterschokolade (mind. 70 % Kakaoanteil)
3 reife Bananen (auch mit Druckstellen)
100 ml neutrales Pflanzenöl
3 Eier
75 g Zucker
100 g Weizenmehl Type 405
75 g Weizenvollkornmehl
25 g Kakaopulver
1 TL Backpulver
1 Prise Salz

Für das Frosting
50 g weiche Butter
2 EL Puderzucker (oder mehr nach Belieben)
50 g Cranberrys aus dem Glas (alternativ Preiselbeeren)
250 g Frischkäse

Das Muffinblech mit Papierschalen auslegen. Den Backofen auf 180 °C Ober-/Unterhitze vorheizen.

Für den Teig die Schokolade hacken. Die Bananen schälen und in einer Schüssel zu Mus zerdrücken. Das Öl, die Eier und den Zucker unter die Bananen rühren. In einer zweiten Schüssel beide Mehlsorten, den Kakao, das Backpulver und das Salz vermischen. Dann die Mehlmischung zur Bananenmasse geben und alles kurz vermengen. Den Teig in die Muffinmulden füllen und im vorgeheizten Backofen etwa 25 Minuten backen. Anschließend die Muffins abkühlen lassen.

Für das Frosting die Butter mit dem Puderzucker schaumig rühren. Die Cranberrys pürieren und mit dem Frischkäse unter die Buttercreme unterrühren. Das Frosting auf den Muffins verteilen. Die Muffins dann nach Belieben entweder sofort servieren oder vorher für 1–2 Stunden kalt stellen.

TIPP
Falls das Frosting zu weich zum Aufstreichen ist, vorher für etwa 30 Minuten in den Kühlschrank stellen.

BANANEN-TARTE-TATIN

Für 12 Stücke (1 Tarteform, 28 cm ø) • Zubereitungszeit 20 Minuten • Backzeit 30 Minuten

50 g Butter plus ggf. mehr zum Einfetten
100 g Zucker
100 g süße Sahne
ca. ½ TL Salz
3–4 reife Bananen (ohne Druckstellen)
1 Rolle Blätterteig (rund, 30–32 cm ø)
Vanilleeis (nach Belieben)

Den Backofen auf 180 °C Ober-/Unterhitze vorheizen. Die Tarteform mit Butter einfetten oder mit Backpapier auslegen.

Den Zucker mit der Butter in einem Topf karamellisieren. Die Sahne angießen, das Salz zugeben und die Mischung aufkochen. Bei mittlerer Temperatur etwa 5 Minuten köcheln lassen, bis sich der Zucker gelöst hat und eine Karamellsauce entstanden ist. Die Sauce in der Form verteilen.

Die Bananen schälen, längs halbieren und mit der Schnittfläche nach unten in die Karamellsauce legen. Den Blätterteig entrollen und auf die Bananen legen. Die Teigränder nach unten einschlagen und den Teig mit einer Gabel mehrfach einstechen.

Die Tarte Tatin im vorgeheizten Backofen 30 Minuten backen. Anschließend lauwarm abkühlen lassen. Dann stürzen, in Stücke schneiden und nach Belieben mit je einer Kugel Vanilleeis servieren.

BANANEN-HEIDELBEER-TORTE
ohne Backen

Für 12–16 Stücke (1 Springform 18 oder 24 cm ø) • Zubereitungszeit 30 Minuten plus Kühlen über Nacht

Für den Tortenboden
250 g Schokoladenkekse
100 g weiche Butter

Für die Füllung
200 g weiße Kuvertüre
400 g Frischkäse
500 g Mascarpone
2–3 reife Bananen (ohne Druckstellen)

Für den Belag
300 g TK-Heidelbeeren
50 g Rohrohrzucker
Saft von ½ Zitrone
2 TL Speisestärke

Für den Tortenboden den Boden der Springform mit Backpapier auslegen. Die Kekse in Stücke brechen. Mit der Butter in der Küchenmaschine zerkleinern und mischen. Die Masse in die Form füllen, andrücken und kalt stellen.

Für die Füllung die Kuvertüre hacken und in einer Schüssel über einem heißen Wasserbad schmelzen. Anschließend lauwarm abkühlen lassen. Inzwischen den Frischkäse und den Mascarpone glatt rühren und unterschlagen. Zuletzt die Kuvertüre unterrühren. Die Bananen schälen und in 2 cm dicke Scheiben schneiden. Die Scheiben auf dem Tortenboden auslegen. Die Füllung darauf verteilen und glatt streichen. Die Torte im Kühlschrank über Nacht durchkühlen lassen.

Für den Belag am nächsten Tag die noch gefrorenen Heidelbeeren mit dem Zucker, dem Zitronensaft und der Speisestärke in einem kleinen Topf mischen. Unter Rühren erhitzen und 1 Minute aufkochen. Danach die Heidelbeeren lauwarm abkühlen lassen und dann auf der Füllung verteilen. Die Torte erneut für 1 Stunde kalt stellen. Anschließend in Stücke schneiden und servieren.

KIBA-BISKUITROLLE

Für 12–16 Stücke • Zubereitungszeit 45 Minuten • Backzeit 20 Minuten

Für die Füllung
350 ml Kirschsaft
30 g Speisestärke
Saft von 1 Zitrone
50 g Rohrohrzucker
2 reife Bananen (nicht zu weich, ohne Druckstellen)
250 g süße Sahne

Für den Biskuit
3 Eier
1 Prise Salz
75 g Rohrohrzucker plus 2–3 EL zum Bestreuen
50 g Weizenmehl Type 405
25 g Speisestärke
1 TL Backpulver

Für die Füllung 3 EL Kirschsaft mit der Speisestärke verrühren. Den übrigen Saft mit dem Zitronensaft und dem Zucker in einem Topf zum Kochen bringen. Die angerührte Speisestärke zugeben und alles unter Rühren 1 Minute aufkochen. Anschließend den Pudding abgedeckt vollständig erkalten lassen.

Für den Biskuit den Backofen auf 180 °C Ober-/Unterhitze vorheizen. Ein Backblech mit Backpapier auslegen. Die Eier mit dem Salz, dem Zucker und 3 EL Wasser in der Küchenmaschine dickschaumig aufschlagen. Das Mehl mit der Speisestärke und dem Backpulver mischen. Die Masse über den Eischaum sieben und mit dem Schneebesen locker unterheben. Den Teig auf dem Backpapier verteilen, glatt streichen und im vorgeheizten Backofen 20 Minuten backen. Anschließend ein sauberes, frisches Küchentuch mit dem Zucker bestreuen und den Biskuit darauf stürzen. Den Biskuit aufrollen und in das Küchentuch gewickelt erkalten lassen.

Die Bananen schälen und würfeln. Die Sahne in einem hohen Mixbecher steif schlagen. Den Pudding glatt rühren und zunächst die Sahne, dann die Bananenwürfel unterheben. Den Biskuit entrollen und vom Backpapier lösen. Die Füllung darauf verteilen. Den Biskuit aufrollen, in das Backpapier einrollen und im Kühlschrank für 2–3 Stunden kalt stellen. Anschließend die Biskuitrolle in Scheiben schneiden und servieren.

SÜSSKARTOFFEL-BANANEN-PIE

Für 16 Stücke (1 Backform, 35 cm Kantenlänge) • Zubereitungszeit 30 Minuten
Backzeit 30–35 Minuten

Für den Boden
180 g Weizenmehl Type 405 plus mehr zum Bearbeiten
90 g Doppelrahmfrischkäse
75 g Butter
1 Prise Salz
25 g Rohrohrzucker

Für die Füllung
500 g Süßkartoffeln
2–3 reife Bananen (auch mit Druckstellen)
Schale und Saft von 1 unbehandelten Orange
1 TL Zimtpulver
50 g Rohrohrzucker
3 Eier
150 g Mascarpone

Außerdem
3 EL Orangenmarmelade
250 g süße Sahne
2 EL Vanillezucker

Für den Boden das Mehl mit dem Frischkäse, der Butter, dem Salz und dem Zucker zu einem glatten Teig verkneten. Den Teig abgedeckt für 30 Minuten kalt stellen.

Für die Füllung die Süßkartoffeln waschen, schälen und würfeln. Die Würfel in einem Topf mit wenig Wasser in 20 Minuten weich kochen. Anschließend abgießen und etwas abkühlen lassen. Dann die Bananen schälen und mit den Süßkartoffeln, der Orangenschale, dem -saft, dem Zimt, dem Rohrohrzucker, den Eiern und dem Mascarpone pürieren.

Den Backofen auf 175 °C Ober-/Unterhitze vorheizen. Den Teig auf der leicht bemehlten Arbeitsfläche auf Größe der Tarteform ausrollen. Die Form mit dem Teig auskleiden und den Teigboden mehrfach mit einer Gabel einstechen. Dann die Füllung darauf verteilen. Den Pie im vorgeheizten Backofen 30–35 Minuten backen. Anschließend abkühlen lassen.

Die Orangenmarmelade in einem kleinen Topf erwärmen und glatt rühren. Die Sahne in einem hohen Mixbecher steif schlagen, dabei den Vanillezucker einrieseln lassen. Die Sahnemasse auf dem Pie verstreichen und mit der Orangenmarmelade beträufeln. Den Pie in Stücke schneiden und servieren.

HIMBEER-BANANEN-STREUSELKUCHEN

Für etwa 12 Stücke (1 Backform oder Blech, 25 x 25 cm) • Zubereitungszeit 20 Minuten
Backzeit 45 Minuten

Für die Streusel
25 g Rohrohzucker
40 g Dinkelmehl Type 630
40 g Haferflocken
25 g gehackte Kürbiskerne
2 Prisen Salz
40 g Butter

Für den Teig
120 g weiche Butter plus ggf. mehr zum Einfetten
75 g Rohrohrzucker
1 Prise Salz
3 Eier
250 g Dinkelmehl Type 630
2 TL Backpulver
60 ml Milch

Für das Topping
1–2 reife Bananen (ohne Druckstellen)
150 g TK-Himbeeren
Puderzucker (nach Belieben)

Den Backofen auf 175 °C Ober-/Unterhitze vorheizen. Das Backblech einfetten oder mit Backpapier auslegen.

Für die Streusel den Zucker mit dem Mehl, den Haferflocken, den Kürbiskernen und dem Salz in einer Schüssel mischen. Die Butter untermengen und die Masse zu Streuseln verreiben.

Für den Teig die Butter mit dem Zucker und dem Salz schaumig schlagen. Die Eier einzeln zugeben und unterrühren. Das Mehl, das Backpulver und die Milch hinzufügen. Alles kurz verrühren und anschließend auf höchster Stufe 30 Sekunden aufschlagen. Dann den Teig auf dem Backblech verteilen.

Für das Topping die Bananen schälen, in Scheiben schneiden und auf den Teig legen. Die gefrorenen Himbeeren darüberstreuen und vorsichtig in den Teig drücken. Zuletzt die Streusel gleichmäßig darüberbröseln.

Den Kuchen im vorgeheizten Backofen etwa 45 Minuten backen. Anschließend abkühlen lassen und in Stücke schneiden. Nach Belieben mit Puderzucker bestauben und servieren.

BANANEN-MANDEL-KUCHEN

Für 16 Stücke (1 Springform, 24 cm ø) • Zubereitungszeit 20 Minuten
Backzeit 45 Minuten

- 200 g Butter plus mehr zum Einfetten
- 4 reife Bananen (auch mit Druckstellen)
- 120 g Rohrohrzucker
- 200 g Weizenmehl Type 405
- 150 g gemahlene geschälte Mandelkerne
- 2 TL Backpulver
- 1 Prise Salz
- 75 g Mandelblättchen
- Puderzucker zum Bestauben

Den Backofen auf 175 °C Ober-/Unterhitze vorheizen. Die Springform mit Butter einfetten.

Die Butter schmelzen und abkühlen lassen. Die Bananen schälen und in einer Schüssel zu Mus zerdrücken. Den Zucker und die Butter unterrühren. Das Mehl mit den Mandeln, dem Backpulver und dem Salz mischen. Dann die Masse zur Bananenmischung geben und alles vermengen. Den Teig in der Springform verteilen. Zuletzt die Mandelblättchen darüberstreuen.

Den Kuchen im vorgeheizten Backofen 30–45 Minuten backen. Anschließend abkühlen lassen, mit Puderzucker bestauben, in Stücke schneiden und servieren.

SÜSSKARTOFFEL-BANANEN-SWIRL

Für 16 Stücke (1 Guglhupfform, 18 cm ø, oder Kasten, 20 x 20 cm)
Zubereitungszeit 30 Minuten • Backzeit 40 Minuten

Für den Teig
200 g Süßkartoffeln
1 unbehandelte Zitrone
1 Ei
60 g Rohrohrzucker
1 Prise Salz
50 ml neutrales Pflanzenöl
50 ml Buttermilch
100 g Weizenmehl Type 405
1 TL Backpulver

Für die Creme
2 reife Bananen (auch mit Druckstellen)
250 g Mascarpone
1 TL Zimtpulver
2 EL Speisestärke
75 ml Milch

Für den Guss
150 g Puderzucker

Den Backofen auf 180 °C Ober-/Unterhitze vorheizen. Die Backform mit Backpapier auslegen.

Für den Teig die Süßkartoffeln waschen, schälen und fein reiben. Die Zitrone heiß waschen, trocken tupfen und die Schale fein abreiben. 2 EL Saft auspressen und für den Guss beiseitestellen. Die Süßkartoffeln und die Zitronenschale mit dem Ei, dem Zucker, dem Salz, dem Öl, der Buttermilch, dem Mehl und dem Backpulver in einer Schüssel verrühren.

Für die Creme die Bananen schälen und in einer zweiten Schüssel mit einer Gabel zerdrücken. Den Mascarpone, den Zimt, die Speisestärke und die Milch zugeben und alles glatt rühren.

Beide Massen mit einem Esslöffel abwechselnd in die Backform geben und mit einer Gabel marmorieren. Den Swirl im vorgeheizten Backofen 35–40 Minuten backen. Anschließend abkühlen lassen.

Für den Guss den beiseitegestellten Zitronensaft mit dem Puderzucker verrühren. Den Guss über dem Swirl verteilen und trocknen lassen. Den Kuchen in Stücke schneiden und servieren.

BANANEN-KÄSEKUCHEN

Für 16 Stücke (1 Springform, 26 cm ø) • Zubereitungszeit 30 Minuten
Backzeit 60 Minuten

- 100 g weiche Butter plus mehr zum Einfetten
- 250 g Vollkornbutterkekse
- 4 reife Bananen (auch mit Druckstellen)
- 250 ml Milch
- 2 unbehandelte Zitronen
- 1 kg Speisequark (20 % Fett)
- 200 g Crème fraîche
- 120 g Rohrohrzucker
- 1 Prise Salz
- 50 g Speisestärke

Den Backofen auf 160 °C Ober-/Unterhitze vorheizen. Den Boden der Springform mit Backpapier auslegen und den Rand einfetten. Die Kekse mit der Butter in der Küchenmaschine mit dem Schneidmesser zerkleinern und krümelig mischen. Die Krümel auf dem Boden verteilen und andrücken.

Die Bananen schälen, in Stücke teilen und mit der Milch pürieren. Die unbehandelte Zitrone heiß waschen, trocken tupfen und die Schale abreiben. Den Saft beider Zitronen auspressen. Die Bananenmilch, den Quark, die Crème fraîche, den Zitronensaft und die -schale, den Rohrohrzucker, das Salz und die Speisestärke glatt rühren. Die Masse auf dem Krümelboden in der Form verteilen.

Den Käsekuchen im vorgeheizten Backofen 1 Stunde backen. Anschließend bei leicht geöffneter Ofentür abkühlen lassen. Dann den Kuchen aus der Form lösen, in Stücke schneiden und servieren.

TIPP

Käsekuchen wird fester, wenn man ihn über Nacht im Kühlschrank oder in einem kühlen Raum (etwa im Keller) ruhen lässt.

MAULWURFKUCHEN
vom Blech

Für 20 Stücke • Zubereitungszeit 40 Minuten • Backzeit 30 Minuten

Für den Boden und die Maulwurferde
- 150 g weiche Butter plus ggf. mehr zum Einfetten
- 120 g Rohrohrzucker
- 1 Prise Salz
- 4 Eier
- 300 g Weizenmehl Type 405
- 2 TL Backpulver
- 30 g Kakaopulver
- 100 ml Milch

Für die Füllung
- 200 g süße Sahne
- 2 EL Puderzucker
- 1 EL Vanillezucker
- 1 Päckchen Sahnesteif
- 75 g Zartbitterschokolade
- 500 g Sahnequark
- 4–5 Bananen

Ein Backblech mit Butter einfetten oder mit Backpapier auslegen. Den Backofen auf 180 °C Ober-/Unterhitze vorheizen.

Für den Boden die Butter mit dem Zucker und dem Salz geschmeidig rühren. Die Eier einzeln zugeben und jeweils etwa 1 Minute unterrühren. Das Mehl mit dem Backpulver und dem Kakaopulver in einer Schüssel mischen und dann über die Ei-Butter-Masse sieben. Die Milch hinzufügen, alles auf kleinster Stufe unterrühren und anschließend 1 Minute aufschlagen. Den Teig auf dem Backblech verteilen, glatt streichen und im vorgeheizten Backofen 30 Minuten backen. Anschließend den Boden vollständig abkühlen lassen.

Für die Maulwurferde den Boden am Rand entlang begradigen und einen 2–3 cm breiten Rand abschneiden. Diese Kuchenreste in einer Schüssel zerbröseln. Den Boden vom Backpapier lösen und auf eine Kuchenplatte setzen.

Für die Füllung die Sahne in einem Mixbecher steif schlagen, dabei nach und nach den Puderzucker, den Vanillezucker und das Sahnesteif einrieseln lassen. Die Schokolade fein hacken und mit dem Quark glatt rühren. Dann die Sahnemischung unter die Quarkcreme heben. Die Bananen schälen, der Länge nach halbieren und auf den Boden legen. Mit der Füllung bestreichen und zuletzt die Maulwurferde darüberstreuen.

Den Maulwurfkuchen für 2 Stunden kalt stellen. Anschließend in Stücke schneiden und servieren.

ZEBRA-BANANEN-KUCHEN

Für 16 Stück (1 Springform, 24 cm ø) • Zubereitungszeit 30 Minuten
Backzeit 50 Minuten

Für den Teig
Butter zum Einfetten
350 g Weizenmehl Type 405 (alternativ Dinkelmehl Type 630)
1 Päckchen Backpulver
1 Prise Salz
3 reife Bananen (auch mit Druckstellen)
120 g Rohrohrzucker
150 g Joghurt
200 ml neutrales Pflanzenöl
2 gehäufter EL Kakaopulver

Für den Guss
200 g Puderzucker
Saft von ½ Zitrone

Den Backofen auf 175 °C Ober-/Unterhitze vorheizen. Die Springform mit Butter einfetten.

Für den Teig das Mehl mit dem Backpulver und dem Salz mischen. Die Bananen schälen und in einer Schüssel zerdrücken. Mit dem Zucker, dem Joghurt und dem Öl verrühren. Dann die Bananenmasse zur Mehlmischung geben und alles 2 Minuten aufschlagen. Die Hälfte des Teigs in eine zweite Schüssel umfüllen. Das Kakaopulver unter eine der Teighälften rühren.

2 EL des hellen Teigs in der Mitte der Springform geben. Danach 2 EL des dunklen Teigs mittig auf den hellen Teig geben. Indem man den Teig immer wieder abwechselnd mittig an genau der gleichen Stelle übereinander gibt, läuft er breit aus und füllt am Ende die gesamte Form. Durch das wechselseitige Schichten entsteht das typische Zebramuster. So fortfahren, bis beide Teige aufgebraucht sind. Den Kuchen im vorgeheizten Backofen im unteren Drittel etwa 50 Minuten backen. Anschließend in der Form abkühlen lassen.

Für den Guss den Puderzucker mit 2 EL Zitronensaft verrühren. Den Kuchen aus der Form lösen, auf eine Kuchenplatte setzen und mit dem Guss überziehen. Den Kuchen in Stücke schneiden und servieren.

HERZHAFTES

SÜSSKARTOFFELRÖSTI
mit Curry-Bananen

Für 4 Personen • Zubereitungszeit 20 Minuten • Garzeit 15 Minuten

Für die Curry-Bananen
3 Bananen (gelb, ohne Druckstellen)
1 Stück Ingwer (2 cm)
1 kleine Chilischote
2 EL Butter
1 EL Ahornsirup
2 TL Currypulver
1 Limette

Für die Rösti
2–3 große Süßkartoffeln (alternativ Kürbis, ca. 500 g)
2 Eier
3 EL Weizenmehl Type 405 (alternativ eine andere Sorte nach Wahl)
neutrales Pflanzenöl zum Braten

Außerdem
½ Bund Koriander
400 g Naturjoghurt
Salz
frisch gemahlener schwarzer Pfeffer
2 EL Olivenöl
50 g junger Blattspinat

Für die Curry-Bananen die Bananen schälen und in etwa 1 cm dicke Scheiben schneiden. Den Ingwer schälen und reiben. Die Chilischote waschen, entkernen und hacken. Die Butter, den Ahornsirup, das Currypulver, den Ingwer und die Chilischote in einer Pfanne erhitzen. Die Bananenscheiben zugeben und mit Limettensaft beträufeln. Alles 1–2 Minuten garen und beiseitestellen.

Für die Rösti die Süßkartoffeln waschen, schälen und fein reiben. Mit den Eiern, dem Mehl und ½ TL Salz vermischen. In einer Pfanne 1 EL Pflanzenöl erhitzen. Die Süßkartoffelmasse esslöffelweise hineingeben, etwas flach drücken und von beiden Seiten goldbraun braten. Anschließend auf Küchenpapier abtropfen lassen.

Den Koriander waschen und trocken tupfen. Einige Blätter abzupfen und zum Bestreuen beiseitelegen. Die übrigen Stängel hacken. Die gehackten Kräuter zum Joghurt geben und mit Salz, Pfeffer und dem Olivenöl verrühren.

Die Rösti mit den Curry-Bananen mit dem Korianderjoghurt und den Spinatblättern anrichten und mit dem übrigen Koriander bestreut servieren.

GEGRILLTE WRAPS
mit Banane und Thunfisch

Für 6 Stück • Zubereitungszeit 20 • Garzeit 15 Minuten

- 1 rote Zwiebel
- 4 Stängel Thymian
- 2 Gläser Thunfisch (Abtropfgewicht 130 g)
- 2 EL Olivenöl
- Salz
- frisch gemahlener schwarzer Pfeffer
- 3 Frühlingszwiebeln
- 200 g Frischkäse
- Saft von ½ Zitrone
- 1 TL Paprikapulver edelsüß
- 1 reife Banane (ohne Druckstellen)
- 2–3 Tomaten
- 1 Handvoll Rucola
- 1 kleine Dose Zuckermais (Abtropfgewicht ca. 130 g)
- 6 Maistortillas
- 100 g Cheddar, gerieben

Die Zwiebel abziehen und würfeln. Den Thymian waschen, trocken tupfen und die Blätter abzupfen. Den Thunfisch abtropfen lassen und mit der Zwiebel, dem Thymian, dem Olivenöl, etwas Salz und Pfeffer vermengen.

Die Frühlingszwiebeln waschen, putzen und in Ringe schneiden. Den Frischkäse mit den Frühlingszwiebeln, dem Zitronensaft und dem Paprikapulver in einer Schüssel glatt rühren. Zuletzt mit Salz und Pfeffer würzen.

Die Banane schälen und in Scheiben schneiden. Die Tomaten waschen, den Blütenansatz herausschneiden und die Tomaten in Scheiben schneiden. Den Rucola verlesen, waschen und trocken tupfen. Den Mais abtropfen lassen.

Eine Grillpfanne oder einen Kontaktgrill erhitzen. Jede Tortilla einmal bis zur Mitte einschneiden und mit der Frischkäsemasse bestreichen. Die Thunfischmischung auf jeweils einem Tortillaviertel verstreichen. Die Tomatenscheiben auf dem nächsten Viertel verteilen. Den Rucola und den Mais auf die übrige Hälfte geben und zum Schluss den Käse darüberstreuen. Jede Tortilla von der Einschnittstelle jeweils um ein Viertel im Uhrzeigersinn zusammenklappen.

Die Wraps in der Grillpfanne oder im Kontaktgrill in 3–4 Minuten goldbraun grillen. Anschließend heiß servieren.

PILAW
mit Banane, Karotten und Koriander

Für 4 Personen • Zubereitungszeit 20 Minuten • Garzeit 25 Minuten

1 Zwiebel
2 Knoblauchzehen
2 EL geröstetes Sesamöl
400 g Basmatireis
2 reife Bananen (ohne Druckstellen)
2 Zimtstangen
2 Sternanis
3 Kardamomkapseln
3 Gewürznelken
Salz
700 ml Gemüsebrühe
3 Karotten
50 g Rosinen
1 EL Sesamsamen
50 g Butter
1 Bund Koriander
frisch gemahlener schwarzer Pfeffer

Die Zwiebel und den Knoblauch abziehen und würfeln. Beides in einem Topf im heißen Öl anschwitzen. Den Reis in einem Sieb waschen, abtropfen lassen und mit anschwitzen. Die Bananen schälen und würfeln. Mit den Gewürzen und 1 TL Salz in den Topf geben. Die Brühe angießen, den Reis einmal umrühren und alles abgedeckt zum Kochen bringen. Dann sofort auf geringe Temperatur reduzieren und den Reis 15–20 Minuten garen, währenddessen nicht umrühren.

Die Karotten waschen, schälen und in dünne Streifen hobeln. Mit den Rosinen und dem Sesam in einer Pfanne in der Butter 3–4 Minuten anbraten. Den Koriander waschen, trocken tupfen, die Blätter abzupfen und zu den Karotten geben. Zuletzt mit Salz und Pfeffer würzen.

Zum Anrichten die Karotten-Rosinen-Mischung auf dem Bananenreis verteilen und den Pilaw servieren.

BANANEN-BUTTER-CHICKEN

Für 6 Personen • Zubereitungszeit 30 Minuten plus Ziehenlassen über Nacht
Garzeit 25 Minuten

Für das Fleisch
1 kg Hähnchenbrust
2 Knoblauchzehen
100 ml Buttermilch
Saft von 1 Limette
1 TL scharfes Paprikapulver
1 TL Zimtpulver

Für die Sauce
1 Gemüsezwiebel
3 Tomaten
1 TL gelbe Senfsaat
2 Kardamomkapseln, Kerne ausgelöst
1 TL Koriandersamen
3 Gewürznelken
75 g Butter
1 EL Tomatenmark
1 EL Honig
Salz
2 reife Bananen (dunkelgelbe Schale, mit braunen Flecken)
150 g süße Sahne
1 EL Erdnussmus
frisch gemahlener schwarzer Pfeffer

Für das Fleisch die Hähnchenbrust trocken tupfen und in größere Stücke schneiden. Den Knoblauch abziehen und hacken. Die Buttermilch, den Limettensaft, den Knoblauch, das Paprika- und das Zimtpulver verrühren. Die Hähnchenbrust mit der Marinade mischen und abgedeckt im Kühlschrank über Nacht durchziehen lassen. Am nächsten Tag das Fleisch aus dem Kühlschrank nehmen und bei Zimmertemperatur 30 Minuten ruhen lassen.

Für die Sauce die Zwiebel abziehen und würfeln. Die Tomaten waschen, vom Blütenansatz befreien und in größere Stücke schneiden. Die Senfsaat, den Kardamom, den Koriander und die Nelken in einem Mörser zerstoßen. Die Butter in einem Bräter erhitzen und die Zwiebel sowie die Gewürze darin goldbraun anbraten. Dann das Fleisch zugeben und 5 Minuten anbraten. Anschließend die Tomaten, das Tomatenmark, den Honig und 1 TL Salz hinzufügen. Das Fleisch abgedeckt bei mittlerer Temperatur 15 Minuten garen.

Die Bananen schälen und in Scheiben schneiden. Mit der Sahne und dem Erdnussmus zugeben. Das Chicken mit Salz und Pfeffer würzen, in 5 Minuten fertig garen und servieren.

TIPP

Das Butter Chicken mit Basmatireis oder Fladenbrot und einem Salat servieren.

GEGRILLTE BANANE
im Speckmantel

Für 4 Personen • Zubereitungszeit 10 Minuten • Garzeit 6–8 Minuten

- 4 kleine reife Bananen (hellgelb bis sonnengelb, ohne Druckstellen)
- 3 EL Sojasauce
- 1–2 TL Honig
- Salz
- frisch gemahlener schwarzer Pfeffer
- 8 dünne Scheiben Speck

Die Bananen schälen und längs halbieren. Die Sojasauce und den Honig in einer flachen Schale verrühren, mit Salz und Pfeffer würzen und die Bananen darin wenden. Anschließend jede Bananenhälfte mit einer Scheibe Speck umwickeln. Dann in einer heißen Grillpfanne von beiden Seiten in 3–4 Minuten braun braten. Die Bananen im Speckmantel sofort servieren.

TIPP

Das ist ein toller Snack, der auch auf dem Grill zubereitet werden kann. Dafür den Grill auf direkte Hitze und etwa 200 °C einstellen. Die Bananen im Speckmantel unter ein- bis zweimaligem Wenden darin braun grillen.

HUMMUS
mit karamellisierten Chili-Bananen

Für 4 Personen • Zubereitungszeit 30 Minuten • Garzeit etwa 10 Minuten

Für die Chili-Bananen
2 reife Bananen (ohne Druckstellen)
1 Stück Ingwer (2 cm)
1 kleine Chilischote
1 rote Zwiebel
1 EL brauner Zucker
Saft von 1 Limette

Für den Hummus
1 Knoblauchzehe
1 Glas Kichererbsen (Abtropfgewicht 250 g)
Saft von 1 Zitrone
2 EL Tahin (Sesampaste)
Salz
1 TL Kreuzkümmelpulver
frisch gemahlener schwarzer Pfeffer
2–3 EL Olivenöl
2 TL Schwarzkümmel
4 Stängel Thymian

Für die Chili-Bananen die Bananen schälen, längs halbieren und dann jeweils in 2–3 Stücke schneiden. Den Ingwer schälen und hacken. Die Chilischote waschen und in Ringe schneiden. Die Zwiebel abziehen und in Spalten schneiden.

Den Zucker in einer kleinen Pfanne goldbraun karamellisieren. Den Ingwer, die Chilischote sowie die Zwiebel zugeben und 1–2 Minuten darin mit karamellisieren. Dann mit dem Limettensaft ablöschen und kurz aufkochen. Die Bananen in den Karamell legen, wenden und 1–2 Minuten darin erhitzen. Anschließend zum Abkühlen beiseitestellen.

Für den Hummus den Knoblauch abziehen. Die Kichererbsen abgießen, dabei das Einlegewasser auffangen. Den Knoblauch mit dem Zitronensaft, den Kichererbsen, der Hälfte des Kichererbsenwassers, dem Tahin, 1 TL Salz und dem Kreuzkümmel fein pürieren. Zuletzt den Hummus mit Salz und Pfeffer würzen. Auf einer Platte verteilen und mit dem Olivenöl beträufeln.

Die Bananen mit dem Chilikaramell, der Zwiebel und dem Schwarzkümmel über dem Hummus verteilen. Den Thymian waschen, trocken tupfen, die Stängel auf dem Hummus verteilen und servieren.

FRUCHTIGER SHRIMPSCOCKTAIL

Für 4 Personen • Zubereitungszeit 20 Minuten

Für den Cocktail

250 g Shrimps, gegart
½ Salatgurke
1 Banane (hellgelb, ohne Druckstellen)
1 Schalotte
1 Stück Ingwer (2 cm)
1 Knoblauchzehe
50 ml Milch
1 TL mittelscharfer Senf
150–180 ml neutrales Pflanzenöl
1 TL Tomatenmark
Cayennepfeffer
Saft von ½ Orange
Salz
frisch gemahlener schwarzer Pfeffer

Außerdem

2 Romana-Salat-Herzen
2 EL Micro Leaves oder Sprossen

Für den Cocktail die Shrimps trocken tupfen und in eine Schüssel geben. Die Gurke waschen und würfeln. Die Banane schälen und würfeln. Die Schalotte abziehen, den Ingwer schälen und beides ebenfalls würfeln. Alles zu den Shrimps geben.

Die Knoblauchzehe abziehen. Mit der Milch und dem Senf in einem hohen Mixbecher mit dem Stabmixer verrühren. Das Öl langsam einlaufen lassen und währenddessen mit dem Stabmixer pürieren, bis eine cremig-dicke Mayonnaise entstanden ist. Dann das Tomatenmark, etwas Cayennepfeffer und den Orangensaft unterrühren. Zuletzt die Cocktailsauce mit Salz und Pfeffer würzen, zu den Shrimps geben und beides gründlich miteinander vermengen.

Den Salat putzen, waschen und trocken tupfen. Den Shrimpscocktail in die Salatblätter füllen und auf einer Platte anrichten. Mit den Micro Leaves oder Sprossen bestreut garnieren und servieren.

KÜRBIS-BANANEN-SUPPE

Für 4 Personen • Zubereitungszeit 20 Minuten • Garzeit 30 Minuten

1 Hokkaido-Kürbis (ca. 500 g)
2 Schalotten
1 Stück Ingwer (3 cm)
1 EL Olivenöl
2 reife Bananen (braune Schale, auch mit Druckstellen)
1 EL Currypulver
750 ml Gemüsebrühe
Salz
frisch gemahlener schwarzer Pfeffer
frisch geriebene Muskatnuss
2 EL Crème fraîche
2–3 Stängel Petersilie

Den Kürbis waschen, entkernen und in Stücke schneiden. Die Schalotten abziehen, den Ingwer schälen und beides hacken. Das Öl in einem Topf erhitzen und den Kürbis, die Schalotten sowie den Ingwer darin etwa 5 Minuten braun anbraten.

Die Bananen schälen und in Stücke schneiden. Bananen und das Currypulver mit in den Topf geben und 2–3 Minuten anschwitzen. Alles mit der Gemüsebrühe aufgießen, 1 TL Salz zugeben und abgedeckt zum Kochen bringen. Dann die Suppe bei mittlerer Temperatur 20 Minuten kochen. Anschließend fein pürieren.

Die Suppe mit Salz, Pfeffer und Muskat würzig abschmecken. Zum Anrichten in Schalen füllen und mit etwas Crème fraîche sowie mit der Petersilie garniert servieren.

BANANEN-CURRY

Für 2 Personen • Zubereitungszeit 30 Minuten • Garzeit 30 Minuten

1 Zwiebel
1 Knoblauchzehe
2 mittelgroße Süßkartoffeln
1 Zucchini
1 rote Paprikaschote
2 EL Sesamöl
2–3 gehäufter TL Currypaste (Sorte nach Wahl)
400 ml Gemüsebrühe
1 Glas gegarte Kichererbsen (Abtropfgewicht 220 g)
400 ml Kokosmilch
Salz
frisch gemahlener schwarzer Pfeffer
½ TL Chiliflocken
2 Bananen (hellgelb bis sonnengelb)
2–3 Stängel Koriander
1 TL Schwarzkümmel

Die Zwiebel und den Knoblauch abziehen und würfeln. Die Süßkartoffeln waschen, schälen und würfeln. Die Zucchini waschen, die Enden abschneiden und die Zucchini längs vierteln. Die Paprika waschen und entkernen. Die Zucchini und die Paprika in mundgerechte Stücke schneiden.

Das Öl in einem Topf erhitzen und die Zwiebel, den Knoblauch sowie die Süßkartoffeln darin 2–3 Minuten anbraten. Dann die Currypaste zugeben und kurz anrösten. Alles mit der Gemüsebrühe ablöschen und abgedeckt 10 Minuten köcheln lassen.

Die Kichererbsen abgießen und mit der Zucchini, der Paprika sowie der Kokosmilch zu der Süßkartoffelmischung geben. Das Curry mit Salz, Pfeffer sowie Chili würzen und aufkochen. Die Bananen schälen, in Stücke schneiden und hinzufügen. Das Curry weitere 8–10 Minuten leise köcheln lassen.

Den Koriander waschen, trocken tupfen und die Blätter abzupfen. Das Curry in Schalen anrichten und mit dem Schwarzkümmel sowie dem Koriander bestreut servieren.

BANANA CHICKEN TANDOORI

Für 4 Personen • Zubereitungszeit 20 Minuten plus Ziehenlassen 2 Stunden (alternativ über Nacht) • Garzeit etwa 25 Minuten

500 g Hähnchenbrust
2 TL Paprikapulver edelsüß
1 TL Kreuzkümmelpulver
1 TL Kurkumapulver
1–2 Prisen Chilipulver
2 TL Tomatenmark
100 g Joghurt
3 EL Olivenöl
1 Zwiebel
2 Knoblauchzehen
1 Stück Ingwer (2 cm)
100 g süße Sahne
1 TL Zucker
Salz
frisch gemahlener schwarzer Pfeffer
50 g Erdnusskerne
2 Bananen (hellgelb bis sonnengelb)
2–3 Stängel Koriander oder 2–3 EL Schnittlauchröllchen (nach Belieben)

Die Hähnchenbrust trocken tupfen und in größere Stücke schneiden. Das Paprika-, Kreuzkümmel-, Kurkuma- und Chilipulver mit dem Tomatenmark, dem Joghurt und 1 EL Öl verrühren. Die Marinade zum Fleisch geben, beides gründlich vermengen und abgedeckt für mindestens 2 Stunden (alternativ über Nacht) kalt stellen.

Die Zwiebel und den Knoblauch abziehen, den Ingwer schälen und alles würfeln. Das übrige Öl in einem Topf erhitzen und die Zwiebel, den Knoblauch sowie den Ingwer darin anschwitzen. Das marinierte Fleisch zugeben und unter Rühren etwa 5–8 Minuten anbraten. Dann mit 300 ml Wasser und der Sahne ablöschen. Zuletzt alles mit dem Zucker, 1 TL Salz und 2–3 Prisen Pfeffer würzen. Das Tandoori abgedeckt bei mittlerer Temperatur etwa 15 Minuten köcheln lassen.

Die Erdnüsse grob hacken. Die Bananen schälen, in Stücke schneiden und mit den Erdnüssen zugeben. Das Tandoori mit Salz, Pfeffer würzig abschmecken und 1–2 Minuten aufkochen. Den Koriander waschen, trocken tupfen, klein zupfen und das Tandoori damit oder mit dem Schnittlauch nach Belieben anrichten und servieren.

TIPP

Zu Banana Chicken Tandoori am besten Fladenbrot oder Basmatireis reichen.

BOBOTI – Afrikanischer Hackfleischauflauf mit Banane

Für 4 Personen • Zubereitungszeit 30 Minuten • Garzeit 40 Minuten

1 Zwiebel
2 Knoblauchzehen
1 Stück Ingwer (2 cm)
1 Chilischote
2 EL Olivenöl
600 g Rinderhack
1 TL Korianderpulver
½ TL Zimtpulver
1 TL Kurkumapulver
Salz
frisch gemahlener schwarzer Pfeffer
2 EL Tomatenmark
3 EL Mangochutney
2–3 reife Bananen (ohne Druckstellen)
3 Eier
50 g süße Sahne
3 Prisen frisch geriebene Muskatnuss
4–6 Lorbeerblätter

Die Zwiebel und den Knoblauch abziehen, den Ingwer schälen und alles würfeln. Die Chilischote waschen und fein hacken. Das Öl in einer Pfanne erhitzen und das Hackfleisch darin krümelig braten. Die Zwiebel, den Knoblauch, den Ingwer sowie die Chilischote zugeben und zusammen etwa 3–4 Minuten anbraten. Dann das Koriander-, Zimt-, Kurkumapulver, 1 TL Salz und 3–4 Prisen Pfeffer hinzufügen. Das Tomatenmark und das Mangochutney unterrühren und die Mischung 2–3 Minuten erhitzen. Zuletzt 150 ml Wasser angießen, alles aufkochen und mit Salz und Pfeffer würzig abschmecken.

Inzwischen den Backofen auf 180 °C Ober-/Unterhitze vorheizen. Die Hackfleischmasse in eine Auflaufform füllen und andrücken. Die Bananen schälen, in Scheiben schneiden und die Masse mit den Scheiben belegen. Die Eier mit der Sahne, dem Muskat und ½ TL Salz verquirlen und den Auflauf damit übergießen. Zum Schluss die Lorbeerblätter zwischen den Bananenscheiben verteilen.

Den Auflauf im vorgeheizten Backofen 40 Minuten garen. Anschließend in Stücke teilen und servieren.

SÜSSES & DESSERTS

GEBACKENE BANANE

Für 4 Personen • Zubereitungszeit 25 Minuten

50 g Weizenmehl Type 495
50 g Speisestärke
1 Prise Salz
1 TL Backpulver
2–3 Eiswürfel
neutrales Pflanzenöl zum Ausbacken
4 kleine Bananen (hellgelb bis sonnengelb, ohne Druckstellen)
2–3 EL Ahornsirup

Das Mehl mit der Stärke, dem Salz und dem Backpulver in einer Schüssel mischen. Die Eiswürfel sowie 100 ml kaltes Wasser hinzufügen und alles zu einem Teig glatt rühren.

Das Öl 3–4 cm hoch in einem kleinen Topf erhitzen. Die Bananen schälen und in schräge, 2 cm breite Stücke schneiden. Die Bananenscheiben durch den Backteig ziehen, ins heiße Fett geben und in 1–2 Minuten knusprig und goldbraun ausbacken. Anschließend auf Küchenpapier abtropfen lassen.

Die gebackenen Bananen zum Anrichten auf Tellern verteilen und mit dem Ahornsirup beträufelt servieren.

TIPP

- Ob das Öl die richtige Temperatur hat, erkennt man, wenn man einen Tropfen Teig ins Fett gibt. Wenn sich Bläschen bilden und der Teigtropfen rasch nach oben steigt, ist die richtige Temperatur erreicht.
- Zwischendurch die Temperatur regulieren, da das Fett abkühlt, wenn die Bananen hineinkommen.
- Immer nur wenige Scheiben auf einmal ausbacken, sonst kühlt das Fett zu rasch ab.

BANANA-SPLIT
im Glas

Für 4 Personen • Zubereitungszeit 25 Minuten plus Abkühlen 1 Stunde
Garzeit 3 Minuten

350 ml Milch
20 g Speisestärke
1 gehäufter EL Kakaopulver
1 Eigelb
25 g Rohrohrzucker
2 EL Mandelblättchen
200 g süße Sahne
2 Bananen (hellgelb)
50 g Zartbitterschokolade

3 EL der Milch mit der Speisestärke, dem Kakaopulver und dem Eigelb glatt rühren. Die übrige Milch mit dem Zucker in einem Topf zum Kochen bringen. Die Stärke-Kakao-Mischung in die Milch geben und alles unter Rühren 1 Minute kochen lassen. Dann den Schokopudding in eine Schüssel umfüllen und abgedeckt abkühlen lassen.

Die Mandelblättchen in einer Pfanne ohne Fett anrösten. Anschließend ebenfalls umfüllen und abkühlen lassen.

Die Sahne in einem Mixbecher steif schlagen, 2 EL davon abnehmen und kaltstellen. Den Pudding glatt rühren und die Sahne unterheben. Die Bananen schälen und anch Belieben der Länge nach halbieren oder in Scheiben schneiden. Die Schokolade hacken.

Die Puddingcreme abwechseln mit den Bananenscheiben in Gläser einschichten. Die Sahne als Tupfen daraufsetzen. Den Banana-Split mit der gehackten Schokolade und den Mandelblättchen bestreuen und servieren.

BANANEN-SCHOKO-CREME

Für 4 Personen • Zubereitungszeit 15 Minuten

1 Sharon (Kaki)
2 reife Bananen (auch mit Druckstellen)
2 EL schwach entöltes Kakaopulver
¼ Granatapfel
2 EL gesalzene Macadamianusskerne
2 EL Kakaonibs

Die Sharon waschen und in Stücke schneiden. Die Bananen schälen und mit der Sharon und dem Kakaopulver im Standmixer fein pürieren. Die Bananen-Schoko-Creme auf vier Gläser verteilen. Die Granatapfelkerne aus der Schale lösen. Die Macadamianüsse hacken.

Die Creme mit den Granatapfelkernen, den Kakaonibs und den Macadamianüssen bestreuen und servieren.

SÜSSE SOMMERROLLEN

Für 4 Personen ● Zubereitungszeit 60 Minuten

Für die Rollen
100 g Sushireis
100 ml Kokosmilch
1 Prise Salz
2 TL Ahornsirup
Saft von 1 Limette
1 kleine Banane (hellgelb)
¼ Mango
2–3 Erdbeeren
3 Stängel Minze
8–10 Reisteigblätter
2 TL Sesamsamen
2 Stängel Minze

Für den Dip
2 Passionsfrüchte
Saft von 1 Orange
1 TL geröstetes Sesamöl
2 EL Ahornsirup

Für die Rollen den Sushireis in kaltem Wasser waschen, bis das Wasser klar bleibt, dabei das Wasser zwei- bis dreimal wechseln. Dann den Reis abgießen und mit der Kokosmilch, 100 ml Wasser und dem Salz in einem Topf aufkochen. Abgedeckt bei mittlerer Temperatur 20 Minuten köcheln lassen. Anschließend den Reis vom Herd nehmen und abgedeckt 10 Minuten quellen lassen. Zuletzt den Ahornsirup und den Limettensaft unterheben und den Reis abkühlen lassen.

Die Banane schälen und längs in Streifen schneiden. Die Mango schälen und das Fruchtfleisch mit dem Sparschäler dünn abschneiden. Die Erdbeeren abbrausen, putzen und in Scheiben schneiden. Die Minze waschen, trocken tupfen und die Blätter abzupfen.

Ein Reisteigblatt kurz (etwa ½–1 Minute) in lauwarmes Wasser legen. Sobald es geschmeidig und biegsam wird, auf die Arbeitsfläche legen. Mit etwas Reis, Banane, Mango und Erdbeere belegen. Zum Schluss den Sesam und die Minze darauf verteilen. Die Seiten einschlagen und das Teigblatt zu einer kompakten Rolle aufwickeln. Die übrigen Blätter ebenso füllen.

Für den Dip die Passionsfrüchte halbieren, das Fruchtmark herauskratzen und mit dem Orangensaft, dem Sesamöl und dem Ahornsirup verrühren.

Die Sommerrollen sofort servieren und den Dip dazu reichen.

REISAUFLAUF
mit exotischen Früchten

Für 6 Personen • Zubereitungszeit 45 Minuten plus Abkühlen 30 Minuten
Garzeit etwa 60 Minuten

1 unbehandelte Orange
½ Vanilleschote
200 g Milchreis
800 ml Milch
Salz
3 Eier
75 g Rohrohrzucker
2 reife Bananen (ohne Druckstellen)
1 Babyananas
½ Mango

Die Orange waschen und die Schale fein abreiben. Die Vanilleschote längs aufschneiden und mit der Orangenschale, dem Reis, der Milch und 1 Prise Salz in einem Topf zum Kochen bringen. Abgedeckt bei geringster Temperatur 20 Minuten garen, dabei gelegentlich umrühren. Anschließend die Reismasse in eine Auflaufform (rund, 28 cm ø, oder eckig, 25 x 30 cm) umfüllen und zum Abkühlen beiseitestellen.

Den Backofen auf 180 °C Ober-/Unterhitze vorheizen. Die Eier trennen. Das Eiweiß mit 1 Prise Salz steif schlagen. Das Eigelb mit dem Zucker schaumig schlagen. Die Bananen schälen und würfeln. Die Ananas schälen und ebenso würfeln. Die Mango schälen, das Fruchtfleisch zunächst vom Kern schneiden und dann auch würfeln. Die Früchte mischen. Den Ei-Zucker-Schaum und die Früchte unter den Reis mischen. Zuletzt den Eischnee unterheben.

Den Auflauf im vorgeheizten Backofen 40 Minuten garen. Anschließend in Stücke teilen und warm servieren.

BANANEN-PARFAIT
mit Erdnusskaramell

Für 8 Personen • Zubereitungszeit 30 Minuten • Gefrierzeit 6 Stunden

150 g Puderzucker
100 ml Milch
100 g Erdnusskerne
3 Eier
75 g Rohrohrzucker
250 g süße Sahne
2 reife Bananen (hellgelb oder sonnengelb, ohne Druckstellen)
Saft von 1 Zitrone

Den Puderzucker in einer Pfanne goldbraun karamellisieren. Vom Herd nehmen und die Milch vorsichtig angießen. Aufkochen, die Erdnüsse zugeben und alles 2–3 Minuten sämig einkochen. Dann die karamellisierten Erdnüsse zum Abkühlen beiseitestellen.

Eine Kastenform (15 x 10 cm) mit Frischhaltefolie auslegen. Die Eier mit dem Rohrohrzucker in einer Schüssel verrühren. Auf einem heißen (aber nicht kochenden) Wasserbad etwa 5 Minuten lang dickschaumig aufschlagen. Anschließend die Schüssel vom Wasserbad nehmen und die Mischung kalt schlagen. Die Sahne steif schlagen. Die Bananen schälen, würfeln und mit dem Zitronensaft mischen. Die Sahne und die Bananen unter den Eischaum heben. Zuletzt die Masse in die Form füllen und abgedeckt im Gefrierfach etwa 6 Stunden gefrieren lassen.

Zum Anrichten das Parfait aus der Form lösen und auf eine Platte stürzen. Den Erdnusskaramell über das Parfait gießen. Das Parfait in Scheiben schneiden und servieren.

LEICHTES BANANEN-TIRAMISU

Für 6 Personen • Zubereitungszeit 30 Minuten plus Ziehenlassen 2 Stunden

2 unbehandelte Orangen
4 Bananen (hellgelb bis sonnengelb, ohne Druckstellen)
2 EL Honig
50 g Mandelblättchen
250 g Magerquark
75 g Rohrohrzucker
250 g Joghurt
200 g Löffelbiskuit
50 ml frisch gebrühter Espresso, lauwarm abgekühlt

Die unbehandelte Orange waschen, trocken tupfen und die Schale abreiben. Den Saft beider Orangen auspressen. Die Bananen schälen, längs halbieren und in einer Pfanne im Honig anbraten. Den Orangensaft zugeben und einkochen lassen. Dann die Bananen im Sud beiseitestellen.

Die Mandelblättchen in einer Pfanne goldbraun rösten. Den Magerquark mit der Orangenschale und dem Zucker in der Küchenmaschine luftig aufschlagen. Den Joghurt unterheben. Die Löffelbiskuits durch den Espresso ziehen und in 4 Dessertgläser verteilen. Die Biskuits mit der Hälfte der Quark-Joghurt-Creme bedecken und die Creme glatt streichen. Die Bananen darauflegen und mit dem Honigsud beträufeln. Die übrige Creme darauf verteilen. Zuletzt die Mandelblättchen darüberstreuen.

Das Tiramisu abgedeckt im Kühlschrank etwa 2 Stunden durchziehen lassen und anschließend servieren.

BANOFFEE-DESSERT

Für 4 Personen ● Zubereitungszeit 20 Minuten

50 g Rohrohrzucker
2 reife Bananen (ohne Druckstellen)
Saft von 1 Zitrone
50 g Zartbitterschokolade
150 g süße Sahne
2 EL Puderzucker
1 EL Vanillezucker
250 g Sahnequark
8–10 Vollkornbutterkekse

Den Zucker in einer Pfanne karamellisieren. Inzwischen die Bananen schälen, längs halbieren und in Stücke scheiden. Den Zitronensaft zum Karamell geben und kurz aufkochen. Die Bananen in den Karamell legen und 1–2 Minuten darin erwärmen. Anschließend vom Herd nehmen und zum Abkühlen beiseitestellen.

Die Schokolade hacken. Die Sahne steif schlagen, dabei den Puderzucker und den Vanillezucker nach und nach hinzufügen und unterschlagen. Dann dem Quark unterheben. Die Kekse zerbröseln und in Dessertgläser geben. Einen Teil der Sahne-Quark-Creme darauf verteilen und mit dem Bananenkaramell beträufeln. Zuletzt einen Klecks Creme auf die Bananen setzen und alles mit der gehackten Schokolade bestreuen.

Das Banoffee-Dessert nach Belieben entweder sofort servieren oder vorher 1–2 Stunden im Kühlschrank durchziehen lassen.

DIES & DAS

BANANEN-CHIPS

Für 4–6 Portionen • Zubereitungszeit 10 Minuten • Trockenzeit 3–4 Stunden

3–4 reife Bananen (ohne Druckstellen)
2 TL neutrales Pflanzenöl

Die Bananen schälen und in Scheiben schneiden. Mit dem Öl in einer Schüssel mischen und die Scheiben einzeln nebeneinander auf einem (oder mehreren) mit Backpapier ausgelegtem Backblech verteilen.

Den Backofen auf 65 °C Ober-/Unterhitze einstellen und die Bananen darin 3–4 Stunden trocknen lassen. Anschließend die Chips abkühlen lassen. Entweder sofort servieren oder zum Aufbewahren in ein Vorratsglas geben.

BANANEN-EIERLIKÖR

Für 2 Flaschen à 250 ml (sterilisiert) • Zubereitungszeit 20 Minuten • Garzeit 10 Minuten

2 reife Bananen (Schale mit Flecken, ohne Druckstellen)
500 ml Kondensmilch
6 Eigelb
250 g Puderzucker
350 ml Doppelkorn (klarer, geschmacksneutraler Schnaps, 38 Vol.-%)

Die Bananen schälen und mit der Kondensmilch fein pürieren. Zusammen mit dem Eigelb, dem Puderzucker und dem Doppelkorn in einer Schüssel verrühren. Die Mischung in der Schüssel über einem heißen Wasserbad unter Rühren auf 70 °C erhitzen. Anschließend durch ein Sieb gießen.

Den Bananen-Eierlikör mit einem Trichter in die sterilisierten Flaschen füllen. Verschließen und im Kühlschrank aufbewahren. Der Likör ist so 8–10 Wochen haltbar.

TIPP

Für eine besonders feine Konsistenz den Eierlikör vor dem Abfüllen durch ein Haarsieb gießen.

SCHOKO-CHEESECAKE-AUFSTRICH

mit Banane

Für 1 Glas à 400 g • Zubereitungszeit 20 Minuten

50 g Zartbitterschokolade
2 kleine reife Bananen (ohne braune Druckstellen)
1 EL Rohrohrzucker (nach Belieben)
150 g Mascarpone
150 g Speisequark
1 Prise Salz

Die Schokolade hacken und in einer Schüssel über einem heißen Wasserbad schmelzen. Die Bananen schälen und mit einer Gabel zerdrücken. Die Schokolade vom Wasserbad nehmen. Den Zucker nach Belieben, den Mascarpone, den Speisequark, das Bananenpüree und das Salz unter die Schokolade mischen und alles zu einem Aufstrich verrühren.

Den Aufstrich in ein sauberes Glas füllen. Er ist im Kühlschrank etwa 2–3 Tage haltbar.

HEIDELBEER-BANANEN-AUFSTRICH

Für 2 Schraubgläser à 250 g (Gläser und Deckel sterilisiert) • Zubereitungszeit 20 Minuten

- 2 reife Bananen (auch mit Druckstellen)
- 250 g TK-Heidelbeeren, aufgetaut
- 250 g Gelierzucker 2 : 1
- Saft von 1 Zitrone

Die Bananen schälen und mit den Heidelbeeren fein pürieren. Zusammen mit dem Gelierzucker und dem Zitronensaft in einem Topf mischen. Alles unter Rühren aufkochen und 3 Minuten sprudelnd kochen lassen. Die Gelierprobe machen und ggf. 1 weitere Minute kochen lassen. Dann den Aufstrich in die sterilisierten Gläser füllen, mit den Deckeln verschließen und 10 Minuten kopfüber stehen lassen. Anschließend die Gläser wenden und den Aufstrich vollständig abkühlen lassen.

Den Aufstrich entweder sofort servieren oder lagern. Er ist mit vollständigem Vakuum mindestens 6 Monate haltbar. Den Aufstrich geöffnet im Kühlschrank aufbewahren und bald verbrauchen.

MANGO-BANANEN-AUFSTRICH

Für 1 Schraubglas à ca. 250 g • Zubereitungszeit 10 Minuten • Quellzeit 1–2 Stunden

1 reife Mango
1 reife Banane (ohne Druckstellen)
½ Vanilleschote
Saft von 1 Orange
2 EL Chiasamen

Die Mango schälen und das Fruchtfleisch vom Kern schneiden. Die Banane schälen. Die Vanilleschote längs halbieren und das Mark auskratzen. Die Mango und die Banane mit dem Orangensaft und dem Vanillemark fein pürieren. Zuletzt die Chiasamen unterrühren. Die Masse in das Schraubglas füllen, dieses verschließen und im Kühlschrank 1–2 Stunden quellen lassen.

Den Aufstrich entweder sofort servieren oder aufbewahren. Er ist im Kühlschrank 2–3 Tage haltbar. Er eignet sich auch perfekt als Topping für einen Joghurt oder auf ein Müsli.

BANANEN-KOKOS-CREME

Für 1 Glas à ca. 250 g • Zubereitungszeit 20 Minuten

75 g weiße Schokolade
1 reife Banane (braune Schale, ohne Druckstellen)
150 g Mascarpone
Saft von ½ Zitrone
3 EL Kokosflocken

Die Schokolade hacken und in einer Schüssel über einem heißen Wasserbad schmelzen. Die Banane schälen und mit einer Gabel zu einem Püree zerdrücken. Den Mascarpone mit dem Zitronensaft, dem Bananenpüree und den Kokosflocken glatt rühren. Zuletzt die Schokolade zugeben und untermischen.

Die Creme in Gläser füllen und entweder sofort servieren oder im Kühlschrank aufbewahren. Sie ist etwa 3–4 Tage haltbar.

TIPP

Die Creme ist ein leckerer Aufstrich fürs Frühstück, kann Desserts verfeinern oder eignet sich als Füllung für kleine Mürbeteigtörtchen.

NICECREAM –
Eiscreme aus gefrorenen Bananen

Für 4 Personen • Zubereitungszeit 15 Minuten • Gefrierzeit etwa 6–8 Stunden

4–6 reife Bananen (ohne Druckstellen)
Saft von ½ Zitrone

Die Bananen schälen und in Stücke schneiden. Die Stücke in eine Vorratsdose geben und 6–8 Stunden gefrieren lassen.

Anschließend die Bananenstücke mit dem Zitronensaft im Mixer pürieren. Die Masse vom Rand nach unten schieben und weiter pürieren, bis eine cremige Eismasse entstanden ist. Die Nicecream in gekühlte Schalen geben und servieren.

TIPP

- Die Nicecream mit einem Topping nach Wahl servieren.
- Generell lässt sich die Nicecream mit vielen Zutaten verfeinern. Die können sowohl direkt unter die Creme gerührt oder als Topping daraufgegeben werden. Als Zutaten eignen sich zum Beispiel: zusätzlich etwas Süße (Zucker, Honig, Ahornsirup etc.), Kakao, gehackte Schokolade, Beeren (TK, wenn sie mit püriert werden, oder frische Beeren als Topping), Kokosflocken, Schokolinsen, Keksstückchen, Browniereste, Fruchtstücke, etwa von Mango, Ananas oder Physalis.

SCHOKOBANANEN AM STIEL

Für 4 Personen • Zubereitungszeit 15 Minuten plus Abkühlen 15 Minuten

150 g weiße Kuvertüre
150 g dunkle Kuvertüre
4 kleine Bananen (hellgelb)
8 Eisstiele
Zutaten zum Bestreuen (nach Belieben: gehackte Pistazienkerne, getrocknete Himbeeren, bunte Streusel, gepuffte Quinoa, gepuffte Hirse, gepuffter Amarant, gebräunte Kokosflocken, Zuckeraugen)

Die weiße und die dunkle Kuvertüre getrennt voneinander hacken und in zwei Schüsseln über einem heißen Wasserbad schmelzen. Die Bananen schälen und halbieren. Jede Bananenhälfte auf einen Eisstiel stecken. Vier Hälften mit dunkler Kuvertüre überziehen und nach Belieben bestreuen. Die übrigen Bananenhälften mit der weißen Kuvertüre überziehen und ebenso nach Belieben bestreuen.

Die Kuvertüre im Kühlschrank fest werden lassen und die Schokobananen servieren.

SCHOKO-BANANEN-KEKSE
für Eilige

Für 4 Personen • Zubereitungszeit 20 Minuten

1 Päckchen Kuchenglasur (Vollmilch oder Zartbitter)
1 Banane (sonnengelb)
12 runde Butterkekse
12 blanchierte Mandelkerne

Die Kuchenglasur nach Packungsanleitung schmelzen. Die Banane schälen und in zwölf Scheiben schneiden. Jeden Keks mit einer Bananenscheibe belegen und mit der Kuchenglasur überziehen. Zuletzt jeweils mit einer Mandel belegen.

Die Glasur fest werden lassen und die Kekse servieren.

REGISTER

ÜBER DIE AUTORIN UND DAS FOTOTEAM

Die Autorin

Susann Kreihe entwickelt seit vielen Jahren mit Leidenschaft kreative und passgenaue Rezepte. Ihre Kreationen erscheinen regelmäßig in Kochbüchern und Zeitschriften verschiedener Verlage. Neben der Arbeit als Rezeptautorin ist die gelernte Köchin und Betriebswirtin für Hotellerie und Gastronomie auch als Ghostwriterin für bekannte Spitzenköche tätig. Auf www.gerichte-werkstatt.de schreibt sie über die schönen Seiten des Lebens – Kochen und Genießen.

Das Fototeam

Vjacheslav Shishlov und Arina Meschanova sind seit über zehn Jahren im Bereich der Foodfotografie tätig. Sie leben und arbeiten in Riga (Lettland), sind aber europaweit an kulinarischen Projekten beteiligt. Die beiden Künstler lassen nicht nur ihre Begeisterung für das Kochen und die Foodfotografie, sondern auch für das Reisen gerne in ihre Arbeit einfließen.

IMPRESSUM

Verantwortlich: Sonya Mayer
Produktmanagement: Johanna von Pechmann, Sonya Mayer
Umschlaggestaltung: Regina Degenkolbe (unter Verwendung einer Illustration von Adobe Stock / sveta)
Redaktion: Constanze Lüdicke
Korrektur: Christiane Gsänger
Repro: LUDWIG:media
Herstellung: Bettina Schippel

Texte und Rezepte: Susann Kreihe
Fotografie: Arina Meschanova & Vjacheslav Shishlov

Printed in Slovenia by Florjancic

★★★★★

Sind Sie mit diesem Titel zufrieden? Dann würden wir uns über Ihre Weiterempfehlung freuen. Erzählen Sie es im Freundeskreis, berichten Sie Ihrem Buchhändler oder bewerten Sie bei Onlinekauf. Und wenn Sie Kritik, Korrekturen, Aktualisierungen haben, freuen wir uns über Ihre Nachricht an: Christian Verlag, Postfach 40 02 09, D-80702 München oder per E-Mail an lektorat@verlagshaus.de

Unser komplettes Programm finden Sie unter: www.christian-verlag.de

Bildnachweis: Alle Bilder in diesem Buch stammen von Arina Meschanova & Vjacheslav Shishlov, mit Ausnahme von: Seite 6: Shutterstock / Ika Hilal; Seite 11: Shutterstock / OlgaBombologna; Seite 12–13: Shutterstock / Creative.factory; Seite 26: Shutterstock / Zaira Zarotti; Seite 58: Shutterstock / Astari Lee; Seite 74: Shutterstock / Ileish Anna; Seite 99: Shutterstock / Magdanatka; Seite 100: Shutterstock / Anna_Pustynnikova; Seite 115: Shutterstock / Julia208; Seite 119: Shutterstock / Florist_Yana; Seite 129: Shutterstock / ISRAEL; Seite 138: Shutterstock / Amelia Fox; Seite 150 (Porträt Susann Kreihe): Melissa Engel; Illustration bei Tipps: Shutterstock / Volyk Nataliia; Illustration Kapitelaufmacher: Adobe Stock / sveta.

Die Deutsche Nationalbibliothek verzeichnet diese Publikation in der Deutschen Nationalbibliografie; detaillierte bibliografische Daten sind im Internet über http://dnb.d-nb.de abrufbar.

ISBN 978-3-95961-585-3

Ebenfalls erhältlich ...

ISBN 978-3-95961-492-4

ISBN 978-3-95961-534-1

ISBN 978-3-95961-396-5

ISBN 978-3-95961-523-5

CHRISTIAN

www.christian-verlag.de